동화로 배우는
스페인어 올인원

Silvia Chun 지음

동화로 배우는 스페인어 올인원

지 은 이	실비아 전(Silvia Chun)
동화 원작자	한스 크리스티안 안데르센(Hans Christian Andersen), 그림형제(Brüder Grimm), 잔마리 르프랭스 드 보몽(Jeanne-Marie Leprince de Beaumont), 샤를 페로(Charles Perrault)
펴 낸 곳	**실비아스페인어 SILVIASPANISH**
초판 1쇄 발행	2024년 6월 24일
책 임 편 집	이수빈, 김소정
총 괄	이희주
기 획 편 집	이희주, 안홍찬
표지디자인	실비아스페인어
그 림	박종호
채 색	곽민선

주 소	경기도 하남시 미사대로520 현대지식산업센터 한강미사2차 D동 A540호
편집・구입	031-791-3440
이 메 일	silviaspanish@naver.com
웹 사 이 트	www.silviaspanish.co.kr

출 판 등 록	2016-00006
I S B N	979-11-979921-4-8 (13770)

*실비아스페인어와 저자의 허락없이 이 책의 일부 또는 전부를 복제, 발췌하는 것을 금합니다.

동화로 배우는 스페인어 올인원
이 책의 특징과 사용법

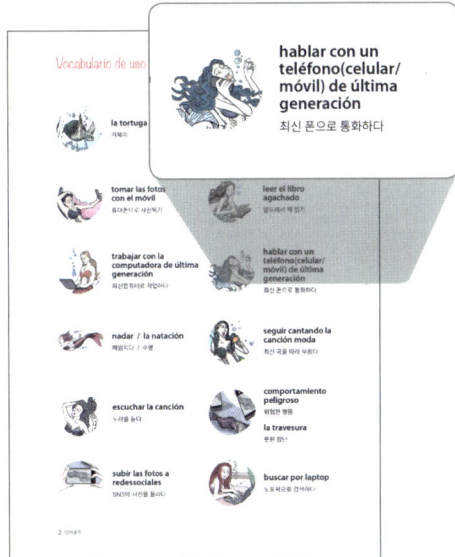

일상용어·최신어휘 학습

» **명작 동화 이야기 속 다양한 생활 스페인어 어휘 학습**

긴 문장 말하기 연습을 위해 단어 하나가 아닌 함께 쓰이는 짝꿍 단어들을 한 묶음으로 묶음 어휘 학습을 합니다.

» **최신 표현·최신 어휘 학습**

현대적으로 재해석한 실비아스페인어의 명작동화 이야기! 새로운 스토리에 녹여진 다양한 전자기기나 유행어 등 최신 어휘도 함께 학습할 수 있습니다.

단락별 스페인어 본문 학습

» **QR코드로 실비아쌤의 음성 반복 청취**

1. 단락별로 실비아 선생님의 스페인어 음성을 반복하여 듣습니다.

2. 듣기가 익숙해지면 실비아 선생님의 강세와 발음을 최대한 비슷하게 따라 읽기 연습을 합니다.

3. 끊어지는 부분을 잘 확인하며 듣고, 읽습니다. 잘 듣고, 잘 읽을 수 있어야 잘 말할 수 있습니다.

단락별 해석·주요구문 해설

» 한국어 해석

한국어 해석을 보며 내용을 정확하게 이해할 수 있습니다. 문장으로 말하는 연습을 위해 자주 쓰이는 구문들은 어휘를 큰 덩어리로 묶어 따로 표기하였습니다.

» 주요구문 해설

단락별로 중요한 문법을 이해하기 쉽도록 다양한 예문과 함께 수록하였습니다.

» 어휘 체크

문장에 사용된 다양한 단어들과 동사의 인칭·시제 확인이 가능합니다. 여러가지 시제로 사용된 문장 속 동사들을 보며 동사변형 연습도 함께 해보세요.

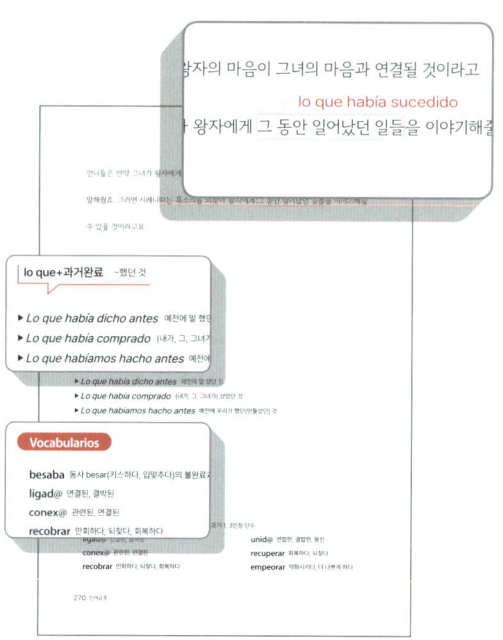

스페인어 원문 읽기

» 스토리 전체 읽기

각 동화의 마지막 파트에서는 전체 스토리를 스페인어로 한번에 읽을 수 있도록 페이지를 따로 구성하였습니다. 스페인어 원서를 읽는 것 처럼 자연스럽게 읽어보세요.

» 다양한 원어민 음성 청취

듣는 것 또한 중요합니다. 상단 QR코드를 통해 실비아 선생님의 음성과 함께 남자 원어민, 여자 원어민의 음성도 함께 청취할 수 있습니다.

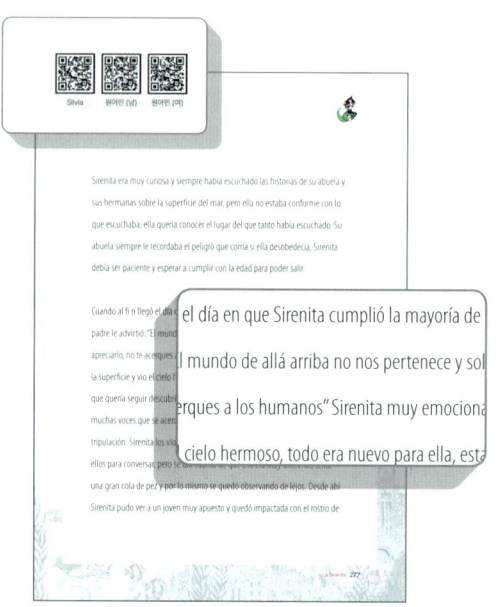

동화로 배우는 스페인어 올인원
목 차

I. La Cenicienta 신데렐라

* Vocabulario de uso cotidiano 일상용어·최신어휘 ········· 12
* Los personajes de La Cenicienta 신데렐라 등장인물 ········· 17
* Texto y gramática 본문·문법해설

1. Su nombre es Cenicienta 그녀의 이름은 신데렐라 ········· 18
2. Cenicienta aguanta todos los maltratos 온갖 구박을 견뎌내는 신데렐라 ········· 21
3. ¡Se busca la media naranja del Príncipe! 왕자의 '반쪽'을 찾습니다! ········· 25
4. ¡Esta invitación no es para ti! "이건 너에게 온 초대장이 아니야!" ········· 28
5. Cenicienta sin poder librarse de la cocina 부엌에서 벗어날 수 없는 신데렐라 ········· 31
6. Las hermanastras y madrastra asisten al baile 무도회로 가는 세 모녀 ········· 34
7. Cenicienta rompe en llanto 결국 울음 터진 신데렐라 ········· 37
8. Aparición de La Hada Madrina ante Cenicienta 신데렐라 앞에 나타난 요정 ········· 41
9. Un día de ensueño 꿈 같은 하루 ········· 44
10. El vestido miserable de Cenicienta 초라하기 그지없는 신데렐라의 옷 ········· 47
11. El vestido más lindo del mundo 세상에서 가장 아름다운 드레스 ········· 50
12. Consejo final: "¡No lo olvides!" 마지막 조언 "잊지 말아라!" ········· 53
13. La noche más lúcida que el día 낮보다 더 빛나는 밤 ········· 56
14. Satisfacción de los padres del Príncipe 흐뭇한 왕자의 부모님 ········· 58
15. 'Ding-Dong', la alarma que señala la medianoche 자정을 알리는 알람 '땡땡땡' ········· 61
16. Cenicienta desencantada del hechizo 마법이 풀린 신데렐라 ········· 64
17. El conmocionado Príncipe Azul 충격에 빠진 백마 탄 왕자 ········· 66
18. Llegada del Príncipe a la casa de Cenicienta 신데렐라 집에 도착한 왕자 ········· 69
19. La dueña del zapato de cristal 유리구두의 주인 ········· 72
20. Final feliz 행복한 결말 ········· 75

* La Cenicienta en español 신데렐라 스페인어 원문 ········· 77

II. Blanca Nieves 백설공주

* Vocabulario de uso cotidiano — 일상용어 • 최신어휘 ……… 84
* Los personajes de Blanca Nieves — 백설공주 등장인물 ……… 88

* Texto y gramática — 본문 • 문법해설

1. Nacimiento de una niña al igual que un poco de nieve — 눈꽃 같은 아이의 탄생 ……… 89
2. La madrastra y el espejo mágico — 계모와 마법 거울 ……… 92
3. "Espejo, ¿quién es la más hermosa del mundo?" — "거울아 세상에서 누가 가장 예쁘니?" ……… 95
4. Uno de los días más felices de la madrastra — 계모의 행복한 나날 중 어느 날 ……… 97
5. El espejo mágico es demasiado sincero — 너무 정직한 마법거울 ……… 100
6. La madrastra furiosa y su terrible plano — 분노한 계모의 무서운 계략 ……… 102
7. La transformación del cazador — 생각을 바꾼 사냥꾼 ……… 104
8. Otro plan del cazador — 사냥꾼의 또 다른 계획은? ……… 106
9. El último consejo del cazador — 사냥꾼의 마지막 권유 ……… 109
10. Una casita en medio del bosque — 숲 속의 작은 집 ……… 112
11. Los enanitos se sorprendieron de regreso a casa — 집에 돌아온 난쟁이 '깜짝!' ……… 115
12. Convivencia entre Blanca Nieves y los enanitos — 백설과 난쟁이의 동고동락 ……… 115
13. Los enanitos se enteran de la conspiración — 실체를 알게 된 난쟁이들 ……… 120
14. La preocupación de los enanitos — 난쟁이들의 걱정 ……… 122
15. La felicidad de la madrastra — 행복한 계모 ……… 125
16. Corta satisfacción de la madrastra — 계모의 기쁨도 잠시… ……… 127
17. El espejo mágico ya sabía todo — 거울은 다 알고 있었다 ……… 129
18. La madrastra se disfraza de una vieja bruja — 사과 마녀로 변신한 계모 ……… 131
19. El desvanecimiento de Blanca Nieves — 쓰러진 백설공주 ……… 133
20. Blanca Nieves dormida en una caja de cristal — 유리상자 안에 잠든 백설공주 ……… 135
21. Blanca Nieves despierta del hechizo — 마법에서 깬 백설 ……… 138
22. "Blanca Nieves ha revivido" — "백설이 살아났다" ……… 140
23. Propuesta del príncipe enamorado — 사랑에 빠진 왕자의 청혼 ……… 142
24. La boda feliz — 행복한 결혼 ……… 144

* Blanca Nieves en español — 백설공주 스페인어 원문 ……… 146

III. La bella durmiente 잠자는 숲속의 공주

* Vocabulario de uso cotidiano　　일상용어 • 최신어휘 ……… 154
* Los personajes de La bella durmiente　　잠자는 숲속의 공주 등장인물 ……… 158

* Texto y gramática　　본문 • 문법해설

　1. ¿Qué bonitos regalos llegarán al reino?　　왕국에 배달될 예쁜 선물은? ……… 159
　2. 'Aurora', es un regalo para el reino　　왕국에 선물 같은 존재, '아우로라' ……… 162
　3. El reino está de fiesta　　축제가 열린 왕국 ……… 164
　4. El mejor regalo para la princesa　　공주를 위한 최고의 선물 ……… 167
　5. La causa de la maldición hacia la princesa　　공주가 저주에 걸린 이유 ……… 170
　6. El reino en una gran conmoción　　충격에 빠진 왕국 ……… 176
　7. La forma de romper la maldición　　저주를 풀 수 있는 방법 ……… 179
　8. "¡Protejan a la princesa!"　　"공주를 보호하라" ……… 182
　9. Aurora ya es una hermosa señorita　　아름다운 숙녀로 성장한 아우로라 ……… 184
　10. Una oscura sombra sobre el reino　　왕국에 드리워진 어두운 그림자 ……… 186
　11. Identidad de la 'Nueva Cocinera'　　'새로 온 요리사'의 정체 ……… 188
　12. La princesa pura e inocente　　순수하고 순진한 공주 ……… 191
　13. Sucedió lo que tanto temían…　　결국 우려했던 일이 현실로… ……… 193
　14. Desvanecimiento de la princesa　　정신을 잃고 쓰러진 공주 ……… 195
　15. Gran conmoción del rey y la reina　　충격에 휩싸인 왕과 왕비 ……… 198
　16. Última esperanza del rey y la reina　　왕과 왕비의 마지막 희망 ……… 200
　17. La princesa dentro de la caja de cristal　　유리관에 잠든 공주 ……… 202
　18. Se despierta la princesa　　숲 속의 공주 잠에서 깨다 ……… 204
　19. El beso amoroso que despertó a la princesa　　잠든 공주를 깨워준 사랑의 키스 ……… 206
　20. La princesa ha encontrado el amor verdadero　　진정한 사랑을 찾은 아우로라 ……… 211

* La bella durmiente en español　　잠자는 숲속의 공주 스페인어 원문 ……… 214

IV. La Sirenita 인어공주

✻ Vocabulario de uso cotidiano　　　　　일상용어・최신어휘 ·················· 222

✻ Los personajes de La Sirenita　　　　인어공주 등장인물 ····················· 225

✻ Texto y gramática　　　　　　　　　　본문・문법해설

　1. Un mágico reino misterio　　　　　　베일에 쌓인 마법 왕국 ··················· 226

　2. Una hermosa Sirenita en el fondo del mar　바닷속 아름다운 인어공주 ··············· 229

　3. La única preocupación del rey del mar　바다임금의 유일한 걱정 한가지 ············ 233

　4. La Sirenita anhela conocer el mundo de los humanos　인간세상을 동경한 인어공주 ··· 236

　5. Al fin Sirenita cumplió la mayoría de edad　드디어 성인이 된 인어공주 ············· 239

　6. ¿Por qué se habrá emocionado la Sirenita?　인어공주의 가슴이 두근거린 이유 ······· 243

　7. Naufragio del barco del príncipe　　난파된 왕자의 배 ························ 249

　8. La Sirenita rescata al príncipe del peligro　위험에 빠진 왕자를 구한 인어공주 ······ 251

　9. El acuerdo peligroso de la Sirenita　인어공주의 위험한 거래 ··················· 254

　10. Intercambiar el amor por su voz　　목소리와 맞바꾼 사랑 ····················· 257

　11. Sirenita feliz aun sin poder hablar　말은 못해도 그저 행복한 인어공주 ·········· 260

　12. Momento crítico de Sirenita sin voz　목소리를 잃은 인어공주에게 닥친 위기 ······ 263

　13. La verdadera identidad de la dama　아름다운 여인의 정체 ····················· 266

　14. La única forma de romper el hechizo: 'El beso'　마법을 풀 수 있는 단 한가지 방법 '키스' ··· 271

　15. La Sirenita liberada del hachizo　마법이 풀린 인어공주 ························ 273

　16. La conversión de la Sirenita en humana　인간이 된 인어공주 ··················· 276

✻ La Sirenita en español　　　　　　　인어공주 스페인어 원문 ················· 278

V. La Bella y La Bestia 미녀와 야수

※ Vocabulario de uso cotidiano　　　　　　일상용어・최신어휘 ·········· 286

※ Los personajes de La Bella y La Bestia　　미녀와 야수 등장인물 ·········· 290

※ Texto y gramática　　　　　　　　　　　본문・문법해설

1. Bella, hermosa hasta lo más fondo de su ser　　내면까지 아름다운 벨라 ·········· 291
2. El comerciante se ha quedado sin nada　　무일푼이 된 상인 ·········· 295
3. La mente positiva de Bella　　벨라의 긍정 마인드 ·········· 298
4. Bella asume todos los quehaceres de la casa　　모든 집안일을 떠맡게 된 벨라 ·········· 301
5. Una carta de esperanza para la familia　　편지 한 통에 들뜬 네 부녀 ·········· 303
6. Tragedia inesperada frente de comerciante　　상인 앞에 놓인 뜻밖의 비극 ·········· 306
7. El mercader en el 'Castillo de la Bestia'　　'야수의 성'에 들어선 상인 ·········· 309
8. Una noche en el castillo　　그 곳에서 하룻밤 신세지게 되는데… ·········· 311
9. La furia de la Bestia con el mercader　　야수의 노여움을 산 상인 ·········· 314
10. "¿Por qué has robado mis rosas?"　　"왜 내 장미를 훔쳤느냐!" ·········· 316
11. Una palabra que ha dejado pálido al comerciante　　상인을 정신 잃게 만든 야수의 한마디 ·········· 318
12. Bella debe partir y dejar a su familia　　가족 곁을 떠나야 하는 벨라 ·········· 321
13. Bella encerrada en el castillo maldito　　저주받은 성에 갇히게 된 벨라 ·········· 324
14. El lado cálido de la Bestia　　야수에게 이런 따뜻한 면이… ·········· 326
15. Bella abre su corazón a la Bestia　　야수에게 마음을 열게 된 벨라 ·········· 328
16. La causa de la imposibilidad de casarse con la Bestia　　야수와 결혼하지 못하는 이유 ·········· 330
17. El amor no le es fácil para la Bestia　　사랑이 쉽지 않은 야수 ·········· 333
18. Bella sale del castillo de la Bestia　　야수의 성에서 나오게 된 벨라 ·········· 335
19. ¿Qué le habrá pasado a la Bestia?　　야수에게 무슨 일이? ·········· 339
20. La confesión a la Bestia moribundo　　죽어가는 야수에게 한 고백 ·········· 341
21. La Bestia se ha liberado de la maldición　　저주가 풀린 야수 ·········· 343
22. El amor unido como uno solo　　하나로 연결된 사랑 ·········· 345

※ La Bella y La Bestia en español　　미녀와 야수 스페인어 원문 ·········· 347

La Cenicienta 신데렐라

Vocabulario de uso cotidiano y nuevo 일상용어·최신어휘

la tableta más moderna, el tablet último modelo
최신 태블릿

el auricular/los auriculares
헤드셋

la aspiradora inalámbrica
무선청소기

la caja de regalo
선물상자

la televisión (la tele), el televisor
텔레비전

el aire acondicionado
에어컨

ladrar
개가 짖다

la lámpara
조명

la cámara
카메라

las gafas de sol
선글라스

el/la lapicer@, el bolígrafo
펜

la bicicleta(la bici)
자전거

la camisa
셔츠
el botón
단추

el correo electrónico
이메일
arroba
골뱅이(@)

**la vincha,
la diadema**
머리띠

la ropa para lavar
빨래
lavar la ropa
빨래하다, 세탁하다

el plato
접시

la mermelada 잼
el cuchillo 나이프

probar
맛보다

explotar en llanto
눈물이 터지다
secar las lágrimas con papel
휴지로 눈물을 닦다

**el vaso de flores,
el florero, el jarrón**
꽃병

el paño mojado
물걸레
limpiar 닦다

limpieza de los platos
설거지
los guantes de goma
고무장갑

sudar
땀 흘리다
el sudor
땀

el collar
목걸이

La Cenicienta 13

Vocabulario de uso cotidiano y nuevo 일상용어·최신어휘

estar celos@ 질투하다
envidiar, tener envidia
부러워하다
sentir envidia 시샘을 느끼다

la chaqueta, el saco 자켓
el abrigo 아우터

el vestido 원피스
las medias 스타킹

el pantalón (los pantalones) 바지
la camiseta 티셔츠

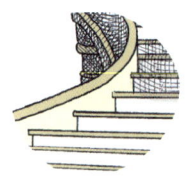
la escalera(las escaleras) 계단

saludar 인사하다
el saludo 인사

los zapatos le quedan exactos 신발 사이즈가 잘 맞다

cubrirse la cara con las manos 손으로 얼굴을 가리다

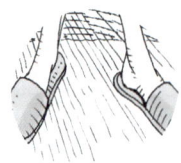
ponerse las pantuflas 슬리퍼를 신다

estar suci@ 꼬질꼬질하다
estar desaliñado, estar desaseado 추레하다

la alarma de teléfono móvil 폰 알람
el móvil, el teléfono, el celular 휴대폰
llamada telefónica 전화통화

cruzar los brazos 팔짱을 끼다

arrodillarse
무릎을 꿇다
la rodilla
무릎

ponerse los zapatos
신발을 신어보다

agitar la mano
손사래를 치다

la esponja
수세미
el detergente en espuma
세제 거품

el punto de la cara
얼굴 점

engordarse 살찌다
gord@ 뚱뚱한

fideos instantáneos en vaso 컵라면
Kimbap triangular, pastel de arroz triangular
삼각김밥

la caña, el sorbete 빨대
el vaso 컵
la taza 물컵
los palillos 젓가락

los guantes de golf
골프 장갑
los palos de golf
골프채

usar gafas de sol en el sombrero
모자에 선글라스를 걸치다

Vocabulario de uso cotidiano y nuevo 일상용어·최신어휘

el ropero, la guardarropa
옷장

la percha, el perchero
옷걸이

el jardín 정원
la puerta 문
el techo, el tejado 지붕, 천장

la ventana 창문
el patio 마당
el césped 잔디

bailar 춤추다
la danza 댄스
sacudir(mover) el cuerpo
몸을 흔들다

¡arriba, abajo, al centro, pa' dentro!
¡salud!
건배

entusiasmad@
신난
divertirse
놀다

caer bien a la gente, llevarse bien con las personas
사람들과 어울리다

Los personajes de Cenicienta 등장인물

la Cenicienta 신데렐라
Experta de trabajo a tiempo parcial
아르바이트의 달인

el Príncipe 왕자
Un muchacho ingenuo
순정파

los zapatos de cristal
유리구두

los padres del Príncipe
왕자의 부모님

los padres de Cenicienta
신데렐라의 부모님

la hada Silvia 실비아요정
Diferente de la realidad
실물과 다름

dos hijas y la madre 세 모녀
adictas a las compras 쇼핑중독
las primeras en adquirirlo 얼리어답터

la alarma del teléfono celular
휴대폰 알람

Su nombre es Cenicienta

1. 그녀의 이름은 신데렐라

Había una vez, en un pequeño reino,

una amable y dulce jovencita llamada Cenicienta.

Su belleza y carácter eran inigualables.

　　　　　había una vez　　　　　　　llamada
옛날 옛적 한 작은 왕국에 신데렐라라고 불리는 사랑스럽고 다정한 아가씨가 있었습니다.

그녀의 아름다움과 성격은 누구와도 비교될 수 없었죠.

> **había una vez**　(과거 어느 시기에) ~이 있었다

'(과거 어느 시기에) ~이 있었다' 또는 동화나 옛날 이야기를 할 때 서두에 사용하여 '옛날 옛적에 ~이 있었다' 라는 의미로 사용하기도 합니다. 다른 표현으로 érase una vez 도 사용됩니다.

▶ *Había una vez(=Érase una vez) una niña que vivía con su abuela.*
　옛날 옛적에 한 소녀가 할머니와 같이 살고 있었습니다.

> **축소사(-it@, -ill@)**

축소사는 감정적 의미를 나타내기도 하고, 행위나 과정의 짧음을 표현하며, 사람이나 사물을 표현할 때 귀여운 느낌이 나 혹은 작다는 느낌을 나타내기도 합니다. 또는 불편한 표현을 할 때 완화를 위한 말투로 사용하며, 형용사나 부사는 강한 이미지를 줄 때 사용합니다. -ito/-ita , -illo/-illa 로 어미부분의 형태가 바뀝니다.

- 사물
  - **mesa** 테이블 → **mesita/mesilla** 작은 테이블, 협탁
  - **cuchara** 수저 → **cucharita** 티스푼
  - **palo** 막대기, 몽둥이 → **palitos** 젓가락
  - **coche** 자동차 → **cochecito** 유모차
- 사람
  - **señora** 부인 → **señorita** 아가씨
  - **niño/niña** 어린이 → **niñito/niñita** (더 작은) 어린이
- 이름 혹은 호칭
  - **Diana** → **Dianita**
  - **Diego** → **Dieguito**
  - **mamá** → **mamita**
- 장소
  - **calle** 거리, 길 → **callecita** 작은 혹은 짧은 거리
  - **camino** 길 → **caminito** 작은 혹은 짧은 길
- 표현 완화
  - **problema** 문제 → **problemita/problemilla** 가벼운 혹은 작은 문제
  - **gord@** 뚱뚱한 → **gordit@** 통통한
  - **delgad@** 마른 → **delgadit@** 깡마른
- 형용사 부사의 강화
  - **igual** 같은 → **igualit@** 완전 똑같은(판박이)
  - **cerca** 가까운 → **cerquit@** 완전 가까운

Vocabularios

pequeñ@ 작은
el **reino** 왕국
dulce 달콤한

el/la **pequeñ@** 꼬마어린이
amable 친절한
había 동사 haber (있다)의 불완료과거 1, 3 인칭 단수

Cenicienta aguanta todos los maltratos

2. 온갖 구박을 받으며 견뎌내는 신데렐라

Su felicidad se tornó imperfecta cuando su madre murió y su padre volvió a casarse con una mujer malvada, fea y cruel que tenía dos hijas con el mismo carácter que ella.

Las tres odiaban mucho a Cenicienta y la hacían trabajar día y noche sin descanso y había días que ni siquiera le daban algo para que ella pudiera comer.

하지만 그녀의 어머니가 돌아가신 후, 아버지가 사악하고, 추하고, 모질며 자신의
　　　　　con el mismo carácter　　　　　volvió a casarse　　　　se tornó
성격을 꼭 빼어 닮은 두 딸을 가진 여자와 재혼하면서 그녀의 행복은 깨지게 됐습니다.
　　las tres　　　　　　　día y noche
세 모녀는 신데렐라를 아주 미워했고 밤낮으로 쉴 틈 없이 일을 시켰어요. 심지어는 먹을 것
　　　　　　　　　　　　　　　sin descanso
조차 주지 않는 날들도 있었죠.

tornarse　~이 되다, 변하다

▶ *Su amor se tornó en odio.* 그의 사랑은 증오로 변했다.

volver a + 동사원형　다시 ~하다

본문의 Su padre volvió a casarse 문장은 '그녀의 아버지는 다시 결혼을 했다'로 해석합니다.

las tres 세 사람은 (세 여자는)

숫자를 관사 la/las 와 함께 사용하면 시간을 나타내기도 하지만 앞에서 언급된 사람을 나타낼 수도 있습니다. 여성들이라면 las tres, 남자 셋이라면 los tres로 관사를 이용하여 성과 수를 구분합니다.

▶ *Las tres odiaban mucho a Cenicienta.* 세 모녀는 신데렐라를 아주 미워했다.

직접목적대명사+hacer+동사원형 (강제로) ~하게 하다, 만들다

어떠한 행위(동사원형)를 직접목적대명사(의미상 주어)의 의지와 관계없이 '~하게 하다, ~하도록 만들다'라는 의미이며 본문의 Las tres odiaban mucho a Cenicienta y la hacían trabajar '세 모녀는 신데렐라를 미워했고 (신데렐라를 강제로) 일하게 했다'로 해석할 수 있습니다.

(el) día y (la) noche 낮과 밤, 늘

día와 noche의 위치를 바꿔도 같은 의미이며, 또 다른 표현으로는 de día y de noche가 있습니다.

ni siquiera ~조차 (아니다)

단순 부정보다 더 강조하는 의미로 사용됩니다.

▶ *Había días que no le daban algo para comer.* 먹을 것을 주지 않는 날들이 있었다.

▶ *Había días que ni siquiera le daban algo para que ella pudiera comer.*
  먹을 것조차 주지 않는 날들이 있었다.

  * algo는 대명사로 '어떤 것, 무엇인가, 무엇이라도' 라는 의미로 사용하며 부정적인 표현에 쓸 때는 '다소, 얼마간, 조금 약간'으로 해석합니다.

Vocabularios

***la* belleza** 아름다움, 미, 미녀

inigualable 탁월한, 비교될 수 없는

se tornó 동사 tornarse(변하다, ~로 되다, 다시 ~이 되다)의 단순과거 3인칭 단수

imperfect@ 불완전한, 미완성의 ↔ **perfect@** 완전한, 완벽한

odiaban 동사 odiar(증오하다, 미워하다)의 불완료과거 3인칭 복수

pudiera 동사 poder(~할 수 있다)의 접속법 불완료과거 1, 3인칭 단수

sin descanso 쉴 새 없이, 쉬지 않고

eran 동사 ser(~이다)의 불완료과거 3인칭 복수

***la* felicidad** 행복

***el* descanso** 휴식, 쉼

siquiera 적어도, 최소한, 하다못해

tornarse ~이 되다, 변하다

¡Se busca la media naranja del Príncipe!

3. 왕자의 '반쪽'을 찾습니다!

Cierto día llegó una invitación de parte del Rey. Era la invitación para celebrar el baile real en honor del Príncipe.

Todas las chicas del reino habían sido invitadas.

"¡Eso significa que yo también puedo ir!"

Pensó Cenicienta.

　　　　　　cierto día　　*de parte de*　　　　　　　　　　　　　　　*el baile real*
어느 날 국왕으로부터 초대장이 도착했습니다. 왕자를 기념하기 위한 궁중 무도회가 열릴 것이

　　　　　　　　　　　　　　　　　　　habían sido invitadas
라는 초대장이었죠. 왕국의 모든 아가씨들이 초대 받았습니다. '그건 나도 참석할 수 있다는 뜻

이구나!' 신데렐라는 생각했습니다.

cierto día　어느 날

un día와 같은 의미로 '어떤 날, 어느 날'의 불특정한 일자를 나타냅니다.

de parte de+사람　~로부터, ~의 이름/명령으로

▶ *Era una noticia importante de parte del Rey.*　왕이 전한 중요한 소식이었다.

habían sido invitadas 초대 받았다

과거완료 [haber동사의 불완료과거+과거분사]는 과거 시점보다 더 이전에 행해진 내용을 표현하는 시제로 과거에 발생된 일이나 사건의 원인, 이유를 나타낼 때 사용합니다.

1. 두개의 과거에 대한 전후관계 표현

    ▶ *Cuando llegué a la estación, el tren ya había partido.*
    내가 역에 도착했을 때 기차는 이미 출발했다.
    → 내가 도착한 것(과거)보다 기차가 출발(과거완료)한 것이 더 이전

2. 과거의 어떤 시점에서 그 당시에 있었던 경험(결과, 완료, 계속된 동작...)의 표현

    ▶ *Ella me dijo que había un accidente.*
    그녀는 나에게 사고가 있었다고 말했다.
    → 그녀가 나에게 말한 시점(과거)에서 그 당시에 있었던 사고(과거완료)를 표현

3. 과거에 이미 일어난 일에 대한 표현

    ▶ *Todas las chicas del reino habían sido invitadas.*
    왕국의 모든 아가씨들은 초대를 받았다.

Vocabularios

la invitación 초대, 초청, 초대장
el baile 춤, 무도회, 무용
real 왕의, 왕권의
en honor de ~를 위하여(기념하여), ~에게 경의를 표하여
el/la invitado@ 손님, 초대 손님

celebrar 축하하다, 기리다, 기념하다
la danza 춤, 무용
el honor 명예
invitado 초대받은
significar 의미하다, 뜻하다

¡Esta invitación no es para ti!

4. "이건 너에게 온 초대장이 아니야!"

Sus hermanastras y su madrastra se echaron a reír.

"Muy bien Cenicienta",

dijo su madrastra,

"¿Quieres ir? Podrás ir, después de que termines tus quehaceres."

　　　　　　　　　　　　　　　　　　se echaron a reír
하지만 그녀의 새 언니들과 계모는 갑자기 웃기 시작했고 계모가 말했습니다. "좋아, 신데렐라.
　　　　　　　　　　　　　　　　　　　　después de que termines
너도 가고 싶니? 너도 갈 수 있어. 네 할 일들을 다 끝낸 후 라면 말이야."

echarse a reír　　(갑자기)웃기 시작하다

▶ *Echarse a dormir* 잠들다

▶ *Echarse a llorar* 울기 시작하다

▶ *Echarse a pensar* 생각에 잠기기 시작하다

▶ *Echarse a correr* 뛰기 시작하다

después de que　　~을 한 후에 (현재에서 미래를 나타냄)

▶ *Después de que pasó el tifón* 태풍이 지나간 후에

▶ *Después de que termines todo puedes hacerlo.* 모든 것이 끝난 후에 그것을 할 수 있다.

　* [después de que+접속법] *Después de que termines*

　* [después de+동사원형] *Después de terminar*

직설법 미래(poder와 같은 활용)

인칭	변화	동사활용
(yo)	-é	podré, saldré, habré
(tú)	-ás	podrás, saldrás, habrás
(él/ella/usted)	-á	podrá, saldrá, habrá
(nosotr@s)	-remos	podremos, saldremos, habremos
(vosotr@s)	-réis	podréis, saldréis, habréis
(ellos/ellas/ustedes)	-rán	podrán, saldrán, habrán

* -er에서 e가 탈락합니다.

▶ *Ahora en la calle podrás comprar unos postres.* 지금 길거리에서 몇몇 간식을 살 수 있을 거야.

▶ *Ellos saldrán de su casa después de comer.* 그들은 식사 후에 외출할 거야.

Vocabularios

se echaron 동사 echarse(몸을 던지다, 뛰어들다)의 단순과거 3인칭 복수
podrás 동사 poder(~할 수 있다)의 미래 2인칭 단수
termines 동사 terminar(끝내다, 완료하다)의 접속법 현재 2인칭 단수
concluir 끝내다, 끝마치다, 완결시키다, 결론짓다
el **quehacer** 볼일, 용건, 용무 (quehaceres는 복수형)
después de 뒤에, 후에, 다음에
acabar 끝내다, 끝마치다, 완성/완료하다
finalizar 끝내다
completar 완성시키다, 완전하게 하다

Cenicienta sin poder librarse de la cocina

5. 부엌에서 벗어날 수 없는 신데렐라

La enviaron a la cocina para que terminara de lavar los platos,

hacer la comida, limpiar y barrer y por si fuera poco le dejaron

dos enormes sacos de arroz y frijol mezclados

para que los separara y los pusiera en sus respectivos recipientes.

　　　　　　　　　　　　　　　　lavar los platos　　hacer la comida
(세 모녀는) 먼저 그녀를 주방으로 보내 접시를 닦고 음식을 만들게 했고 빨래와 청소도 하게
　　　　por si fuera poco
하고, 그것도 모자라 쌀과 강낭콩이 섞여 있는 두개의 거대한 자루를 주면서 분리해 각각의

용기에 담게 했어요.

enviar a　~로 보내다

enviar(mandar) a+장소　~로 보내다
- *enviar a un lugar peligroso*　위험한 곳으로 보내다
- *enviar a la escuela privada*　사립 학교로 보내다

enviar(mandar) a+사람+a+동사원형　~을 ~하러 보내다
- *enviar a alguien a pasear*　~를 산책하러 보내다
- *enviar a alguien a jugar al golf*　~를 골프를 치러 보내다
- *enviar a alguien a hacer senderismo*　~를 하이킹하러 보내다

por si fuera poco　그것도 모자라서, 심지어

- *Pablo por si fuera poco me pidió un poco de dinero.*
  빠블로는 심지어 나에게 약간의 돈을 달라고 했다.

para que+접속법 ~하도록, ~하게끔

▶ *Le dejaron... para que los separara* 그것들을 나누도록 하다
▶ *Le dejaron... para que los pusiera* 그것들을 넣도록 하다

* 주절 동사와 종속절의 시제를 일치 시킵니다.

   주절 직설법 과거 + 종속절 접속법 과거

Vocabularios

enviaron 동사 enviar(보내다, 발송하다)의 단순과거 3인칭 복수
terminara 동사 terminar(끝내다, 완료하다)의 접속법 과거 1, 3인칭 단수
limpiar 청소하다, 씻다, 닦다
enorme 거대한, 막대한
inmens@ 매우 큰, 광대한
el **saco** 자루, 부대, 포대
el **frijol** 강낭콩
el **arroz integral** 현미
el **poroto colorado/rojo** 팥
correspondiente 각자의, 적합한, 상응하는
separara 동사 separar(나누다, 분리하다, 헤어지다)의 접속법 과거 1, 3인칭 단수
pusiera 동사 poner(놓다, 두다, 입히다)의 접속법 과거 1, 3인칭 단수
el **recipiente** 그릇, 용기

la **cocina** 부엌, 주방, 조리대, 레인지
lavar 씻다, 세탁하다
barrer 청소하다, (먼지나 쓰레기를) 쓸다
grande 큰, 커다란
gigantesc@ 거대한, 거인 같은
el **arroz** 쌀
la **cebada** 보리
la **soja** 콩
mezclad@ 섞인, 혼합된
respectiv@ 각각의, 각자의

Las hermanastras y madrastra asisten al baile

6. 무도회로 가는 세 모녀

La hora de ir al baile llegó y Cenicienta no estuvo lista.

Sus hermanastras y madrastra se echaron a reír y cuando estaban a punto de salir de la casa, le dijeron en tono de burla:

"Si te apuras, podrás ir al baile y disfrutar con nosotras."

　　　　　　la hora de ir al baile
무도회에 갈 시간이 되었지만 신데렐라는 준비가 되지 않았습니다. 세 모녀는 신데렐라를
　　　　　　　　　estaba a punto de　　en tono de burla
비웃으며 집을 나가기 직전 그녀에게 놀리는 말투로 말했죠. "조금 더 서두르면 너도 무도회에

가서 우리와 함께 즐길 수 있을 거야."

la hora de　~할 시간

▶ *La hora de la verdad*　결정적인 순간
▶ *La hora de la siesta*　낮잠 시간
▶ *La hora de comer*　식사할 시간
▶ *La hora de partir*　출발할 시간

estar a punto de+동사원형　~하기 직전(찰나)에 있다

a punto de는 '~를 하려던 찰나'라는 뜻으로 estar 동사와 함께 쓰여 그 상태에 있음을 나타냅니다.

Vocabularios

el/la hermanastr@ 이복형제/자매

la burla 우롱, 조소, 조롱

te apuras 동사 apurarse(서두르다)의 현재 2인칭 단수

disfrutar 즐기다

gozar 즐기다, 누리다

divertirse 즐기다

echarse a+동사원형 ~을 하기 시작하다

asisten 동사 asistir(참석하다)의 현재 3인칭 복수

Cenicienta rompe en llanto

7. 결국 울음 터진 신데렐라

Cuando Cenicienta terminó de hacer los quehaceres, estaba muy cansada y al ver los costales de arroz y frijol mezclados se puso a llorar.

Pensó que nunca terminaría y entre sollozos recordó a su madre y a su padre que siempre habían sido tan buenos con ella.

신데렐라는 집안일은 모두 마쳤지만 너무 피곤했습니다. 쌀과 강낭콩이 섞여 있는 큰 자루를
　　　　　　　se puso a llorar　　　*nunca terminaría*　　　　　　*entre sollozos*
보자 울음이 터졌습니다. 절대 끝내지 못할 것이라 생각이 들었고, 흐느끼면서 그녀는 자상했던
　　　　　　　　　　　recordó a
부모님을 떠올렸습니다.

terminar de+동사원형　~를 끝내다

- *Jorge terminó de trabajar en la medianoche.*　호르헤는 자정이 되어서 업무를 끝냈다.
- *Terminé de limpiar la oficina a tiempo.*　나는 사무실 청소를 제시간에 끝냈다.

ponerse a llorar　울음이 터지다, 울기 시작하다

유사한 표현으로 echarse a llorar, romper a llorar를 사용할 수 있습니다.

- *Al regresar a casa, Isabel se puso a llorar.*　이사벨은 집에 돌아오자마자 울음이 터졌다.
- *De repente me puse a llorar.*　갑자기 나는 울음이 터졌다.

가능법·조건법 (modo condicional)

-ar, -er, -ir 동사 모두 같은 형식으로 변화합니다.

인칭	변화	동사활용
(yo)	-ía	hablaría, comería, escribiría
(tú)	-ías	hablarías, comerías, escribirías
(él/ella/usted)	-ía	hablaría, comería, escribiría
(nosotr@s)	-íamos	hablaríamos, comeríamos, escribiríamos
(vosotr@s)	-íais	hablaríais, comeríais, escribiríais
(ellos/ellas/ustedes)	-ían	hablarían, comerían, escribirían

* 표와 같이 규칙 동사에서는 동사 어미에 변화만 붙여주면 됩니다.

가능법의 용도는 일반적으로 4가지로 구분할 수 있습니다.

1. 정중한 표현을 사용할 때

   ▶ *¿Te gustaría tomar un café?* 커피 한잔 마시겠니?

   ▶ *¿Podrías abrir la puerta?* 문 좀 열어줄 수 있어?

2. 과거의 상황에서 미래를 이야기할 때

   * 현재에서 미래를 이야기할 때는 단순미래로 표현하면 되지만, 과거에서 미래를 표현할 때는 가능법(조건법)을 사용합니다.

   * *Cenicienta pensó que nunca terminaría.* 신데렐라는 절대 끝나지 않을 거라 생각했다.

단순미래	*Creo que Sergio viajará a Corea.* 난 쎄르히오가 한국으로 여행갈 것 같아.
가능법(과거의 미래)	*Creí/Creía que Sergio viajaría a Corea.* 난 쎄르히오가 한국으로 여행을 갈 거라 생각했어/생각하고 있었어.
미래완료	*Creo que Sergio ya habrá viajado a Corea.* 난 쎄르히오가 이미 한국으로 여행 갔을 것 같아.
가능법(과거의 미래완료)	*Creí/Creía que Sergio ya habría viajado a Corea.* 난 쎄르히오가 이미 한국으로 여행갔을 거라 생각했어/생각하고 있었어.

3. 과거 상황에서의 추측을 이야기할 때

▶ *¿Quién sería el que abrió esta puerta?* 누가 이 문을 열었을까?

▶ *¿Habría estado afuera cuando la llamé?* 내가 전화했을 때 그녀는 밖에 있었을까?

4. 일어나지 않은 또는 비현실적인 상황, 가정법(si 문장)

▶ *Yo que tú, compraría una casa en vez de un coche.* 내가 너라면, 차 대신 집을 살 텐데.

▶ *Le agradecería mucho si me contara lo que ha sucedido aquí.*
여기서 일어난 일을 이야기해 주시면 대단히 감사하겠습니다.

Vocabularios

terminó 동사 terminar(끝내다, 끝나다)의 단순과거 3인칭 단수
los **quehaceres** 가사, 볼일, 용건, 할 일
el **costal** 큰 자루
el **frijol** 강낭콩, 콩
pensó 동사 pensar(생각하다)의 단순과거 3인칭 단수
terminaría 동사 terminar(끝나다, 끝내다)의 가능법 1, 3인칭 단수
el **sollozo** 흐느낌, 흐느껴 울기, 오열
recordó 동사 recordar(기억하다)의 단순과거 3인칭 단수

cansad@ 피곤한, 지친
el **arroz** 쌀
llorar 울다
nunca 절대로 ~하지 않는다

Aparición de La Hada Madrina ante Cenicienta

8. 신데렐라 앞에 나타난 요정

Fue en ese instante cuando apareció su Hada Madrina. Le dijo: "¡Cenicienta, no estás sola! ¿Quieres ir al baile?"

Entre sollozos ella le dijo que por supuesto que quería ir.

Ella la abrazó y le dijo:

No llores mi pequeña, he estado observando todo lo que te ha sucedido. ¡Claro que irás al baile!

그 순간, 신데렐라의 요정이 나타나 그녀에게 물었습니다. "신데렐라, 당신은 혼자가 아니에요.
<small>en ese instante</small>   <small>le dijo</small>

무도회에 가고 싶나요?" 흐느끼는 와중에 신데렐라는 당연히 가고 싶다고 답했죠. 요정은 그녀
<small>por supuesto</small>

를 안아주며 말했습니다. "울지 말아요. 당신에게 일어난 모든 일들을 지켜봤어요.
<small>no llores</small>

당연히 무도회에 갈 거에요!"
<small>claro que</small>

en ese instante 그 순간

en ese momento 로도 표현할 수 있습니다.

por supuesto 당연히

▶ *Este anillo es para ti, por supuesto.* 이 반지는 당연히 네 것이다.
▶ *Por supuesto que podía visitar a ti.* 당연히 너에게 갈 수 있었다.

명령법 llorar 울다, 눈물을 흘리다

명령형에서 2인칭 단수와 복수는 긍정과 부정의 변화가 다릅니다.

인칭별 긍정과 부정의 no	llorar
tú	llora
tú no	llores
usted	llore
usted no	
nosotr@s	lloremos
nosotr@s no	
vosotr@s	llorad
vosotr@s no	lloréis
ustedes	lloren

claro que 당연히, 물론 ~하다

▶ *¡Claro que sí!* 당연하지! 당연히 그렇지!

▶ *¡Claro que no!* 물론 아니지! 당연히 그렇지 않지!

Vocabularios

instante 순간, 순식간, 눈 깜짝할 사이
apareció 동사 aparecer(출현하다, 나타나다)의 단순과거 3인칭 단수
el **sollozo** 흐느낌, 오열
quería 동사 querer(원하다, ~하고싶다)의 불완료과거 1, 3인칭 단수
abrazó 동사 abrazar(껴안다, 포옹하다)의 단순과거 3인칭 복수
observando 동사 observar(주의 깊게 관찰하다)의 현재분사
sucedido 동사 suceder(잇따라 일어나다, 발생하다)의 과거분사

Un día de ensueño

9. 꿈 같은 하루

En ese momento ella extendió su varita mágica y con la punta señaló un par de calabazas y un ratón que pasaba por la chimenea.

Y en un instante las calabazas se convirtieron en una hermosa y lujosa limusina y el ratón fue convertido en un chofer elegante.

　　　　　　　en ese momento　　varita mágica
그 순간 요정은 요술 막대를 뻗어 한 쌍의 호박과 마침 굴뚝을 지나던 생쥐들을 가리키자

호박은 아름답고 호화로운 리무진으로, 생쥐들은 멋진 운전기사로 변했습니다.
　　　　　　　　　　　　　se convirtieron en/fue convertido en

pasar por　~을 지나다

▶ *Voy a pasar por ahí con cuidado.* 나는 조심히 그 곳을 지나갈 거야.

convertirse en　~로 변하다

▶ *En unos días el príncipe se convirtió en rana.* 며칠 내로 왕자는 개구리로 변했다.

Vocabularios

extendió 동사 extender(펴다, 뻗다, 넓히다, 확장하다)의 단순과거 3인칭 단수
la **varita** 작은 막대 ((la) vara에 접미사 –it@가 붙은 형태)
mágic@ 마법의, 마술의, 요술의
la **punta** (어떤 물건의) 끝
la **chimenea** 굴뚝
señaló 동사 señalar(표시하다, 가리키다)의 단순과거 3인칭 단수
rápid@ 빠른, 신속한, 민첩한
el **par** (같은 종류의) 두 사람, 두 개 (un par de 한 쌍의)
lent@ 느린, 더딘, 둔한
se convirtieron 동사 convertirse(변하다, 바뀌다)의 단순과거 3인칭 복수
el **chofer** 운전기사
lujos@ 사치스러운, 호화로운
veloz 빠른, 신속한
elegante 우아한, 품위 있는, 세련된, 근사한
el **caballo** 말

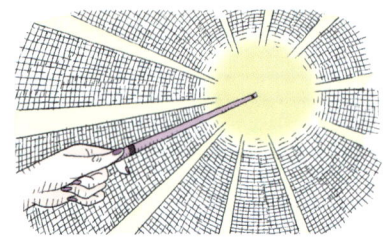

El vestido miserable de Cenicienta

10. 초라하기 그지없는 신데렐라의 옷

Cenicienta estaba feliz. Apenas si podía creerlo.

Pero al ver su vestido viejo y feo volvió a ponerse triste.

Su Hada Madrina la miró y le dijo:

"Mi niña, he pensado en absolutamente todo..."

신데렐라는 행복해했습니다. 그 광경을 거의 믿을 수가 없었지요. 하지만 자신의 낡고 추한
                                     al ver   ponerse triste
드레스를 보자 다시 슬픔에 빠졌습니다. 그녀의 요정이 그녀를 본 후 말했습니다.
                                      absolutamente
"나의 아가씨, 제가 이미 완벽하게 모든 것을 생각해 두고 있었어요."

apenas si 거의~ 아니다, 겨우

▶ *Yo apenas si la he visto sonreír.* 나는 그녀가 웃는 것을 거의 볼 수가 없었다.
▶ *Apenas si hay justicia.* 정의는 거의 존재하지 않는다.

[estar+형용사] y [ponerse+형용사]

[estar+형용사]는 서술하는 당시 '이미 형용사와 같은 상태'가 되어있는 상황을 의미하지만 [ponerse + 형용사]를 사용하면 '어떠한 이유로 형용사처럼 된' 상황을 의미하게 됩니다.

▶ *Ella <u>está</u> triste.* 그녀는 슬프다. → 이미 슬퍼 있는 상태를 표현
▶ *Ella <u>se pone</u> triste.* 그녀는 슬픔에 빠져 있다. → 기분이 슬퍼진 상태를 표현

▶ *<u>Estoy</u> nervios@.* 나는 긴장하고 있다.
▶ *<u>Me pongo</u> nervios@.* 나는 갑자기 긴장이 된다.

Vocabularios

miserable 불행한, 불쌍한, 가련한, 가엾은, 초라한

creerlo 그것을 믿다 → lo는 추상적인것, 주제의 그것을 나타냅니다.

el **vestido** 원피스

viej@ (70세가 넘은 사람) 늙은, 연로한/(사물) 오래된, 낡은

fe@ 못생긴, 추한

El vestido más lindo del mundo

11. 세상에서 가장 아름다운 드레스

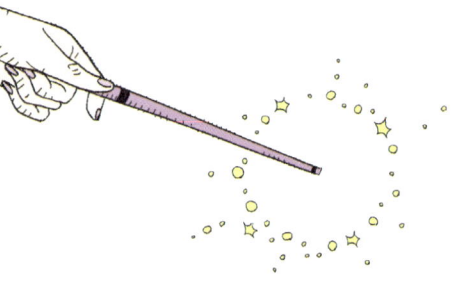

Agitó nuevamente su varita, tocó su vestido sucio y feo

y lo convirtió en el más hermoso que ella hubiese visto alguna vez y como toque

final le regaló una hermosa tiara y un par de hermosos zapatos de cristal.

      nuevamente
요정이 다시 막대를 흔들어 신데렐라의 지저분하고 낡은 드레스를 건드리자 그녀가
 alguna vez   *convirtió en* *toque final*
한 번도 보지 못했을 법한 아름다운 드레스로 변했습니다. 그리고 마지막으로
        un par de
신데렐라에게 아름다운 왕관과 유리구두 한 쌍을 선물했죠.

접속법(subjuntivo)

접속법 문장 **lo convirtió en el más hermoso que ella hubiese visto alguna vez**를 단계로 나눠서 살펴봅시다.

1. lo convirtió en

여기서 lo는 이미 앞 구절에 나오는 su vestido sucio y feo를 직접목적어 '그것을'로 표현한 것입니다. 즉, '그녀의(신데렐라의) 지저분하고 낡은 드레스'를 의미하는 것이죠. convertir en은 '~으로 바꾸다, 변화시키다' 란 뜻입니다.

해석해보면 '그것을(드레스를) ~으로 바꿨다.'가 되겠지요. 그러면 드레스를 무엇으로 바꿨을까요?

2. el más hermoso

가장 아름다운 드레스. 여기서 el은 이미 언급된 vestido를 의미합니다. 만약 드레스를 다른 종류의 사물로 바꾼 것이라면 새로 언급을 했겠지만 드레스는 이미 언급됐기 때문에 정관사 el만 사용한 것이죠.

따라서 1과 2 lo convirtió en el más hermoso를 해석해보면, '그것을(드레스를) 가장 아름다운 드레스로 변하게 했다' 입니다.

3. que ella hubiese visto alguna vez

이제 que를 사용하여 가장 아름다운 드레스(el más hermoso)를 부가적으로 수식해주는 접속법 구절이 나옵니다. 이 아름다운 드레스는 신데렐라가(ella) 과거 언젠가(alguna vez) 또는 한번이라도 봤던 드레스인지 아닌지 확실하지 않기 때문에 접속법을 사용한 것입니다. 평생 한번이라도 본 것인지 의심을 제기하는 부정을 담은 의미의 표현입니다.

lo convirtió en el más hermoso que ella hubiese visto alguna vez를 종합해보면, '신데렐라가 한 번도 보지 못했을 법한 가장 아름다운 드레스로 변하게 했다.'라는 의미입니다.

Vocabularios

agitó 동사 agitar(흔들다, 젓다)의 단순과거 3인칭 단수
tocó 동사 tocar(건드리다, 만지다, 닿다)의 단순과거 3인칭 단수
mugrient@ 지저분한, 꼬질꼬질한
el toque 만지기, 접촉, 닿기 (toque final 마무리)
la corona 왕관
absolutamente 절대적으로, 완벽하게, 완전히
la varita 요술막대(varita mágica)
visto 동사 ver(보다)의 과거분사
convertir 변환하다, 전환하다 (convertir en ~으로 바꾸다)
hermos@ 아름다운, 훌륭한, 예쁜, 고운, 뛰어난
regaló 동사 regalar(선물하다)의 단순과거 3인칭 단수
hubiese 동사 haber(있다, 이다)의 접속법 과거 1, 3인칭 단수

nuevamente 다시, 재차
suci@ 더러운, 지저분한
limpi@ 깨끗한, 청결한
la tiara 왕관(공주가 쓰는 작은 왕관)
pensado 동사 pensar(생각하다)의 과거분사
nuevamente 다시, 재차
el vestido 원피스, 의복
el final 끝, 마지막
final 최후의, 마지막의, 최종의

Consejo final: "¡No lo olvides!"

12. 마지막 조언 "잊지 말아라!"

"Ahora sube pequeña."

Le dijo su Hada Madrina.

"Mi consejo final es no olvides que debes regresar a casa antes de la medianoche, pasada la medianoche el hechizo se romperá y todo volverá a ser como antes."

"Lo recordaré…"

Prometió Cenicienta.

"아가씨, 이제 차에 타세요." 요정이 말했습니다. "나의 마지막 조언은 자정 전에 집으로 돌아와 *consejo final* / *antes de la medianoche*
야 한다는 것을 잊지 말라는 거예요. *no olvides* 자정이 지나면 마법이 풀려서 모든 것이 예전처럼 돌아갈

거니까요." 그러자 신데렐라는 "기억할게요" 라며 약속했죠.

subir (오르다, 올라가다)의 명령형

인칭별 긍정과 부정의 no	subir
tú	sube
tú no	subas
usted	suba
usted no	
nosotr@s	subamos
nosotr@s no	
vosotr@s	subid
vosotr@s no	subáis
ustedes	suban

* olvidar의 명령형은 llorar 동사를 참조하세요.(43p)

의무에 대한 표현

스페인어에서 의무에 대한 대표적 표현으로는 [deber + 동사원형]/[tener que+동사원형]/[hay que + 동사원형]이 있습니다.

hay que | 특정 대상의 의무가 아닌 '통념적' 의무를 표현할 때 쓰이며 특정 주어가 없습니다.

▶ *Hay que tener coraje para superar esta situación.* 이 상황을 극복하려면 용기를 가져야 한다.

▶ *Para mantener la vida sana, hay que dejar de fumar.*
건강한 삶을 유지하려면 담배를 끊어야 한다.

tener que, deber | tener que와 deber는 주어가 되는 대상의 의무를 표현하지만 deber는 약간의 예외가 있습니다. [deber + ser/estar/haber/tener] 4가지 동사와 결합하면 의무가 아니라 '~일 것이다, ~임에 틀림없다' 와 같이 추정하는 의미가 됩니다.

▶ *Tienes que/debes dejar de fumar para mantener la vida sana.*
건강한 삶을 유지하려면 넌 담배를 끊어야 해.

▶ *Ahora Juan debe estar en el colegio.* 지금 후안은 학교에 있을 거야(있는 게 분명해).

▶ *Debe haber alguna herramienta en esa caja.* 거기 상자에 공구가 좀 있을 거야.

Vocabularios

el **consejo** 의견, 조언, 충고, 회의, 이사회
la **advertencia** 주의, 경고, 충고
el **mediodía** 정오
antes de ~하기 전에
el **hechizo** 주문, 주술
recordaré 동사 recordar(기억하다)의 미래 1인칭 단수
prometió 동사 prometer(약속하다)의 단순과거 3인칭 단수
se romperá 동사 romperse(깨지다, 부서지다)의 미래 3인칭 단수

la **recomendación** 추천, 권고, 충고
la **medianoche** 자정
debes 동사 deber(~을 해야 한다)의 현재 2인칭 단수
pasad@ 지난, 지나간
como ~처럼

La noche más lúcida que el día

13. 낮보다 더 빛나는 밤

Cenicienta subió a la limusina y se dirigió al instante al baile real. El salón de baile real era espléndido.

Todas las doncellas lucían sus vestidos más hermosos.

Cuando Cenicienta entró, todas las miradas se fijaron en ella por su belleza y por su hermoso vestido.

Cuando el Príncipe vio a Cenicienta, se enamoró de ella al instante, y la sacó enseguida para bailar.

신데렐라가 올라탄 마차는 곧바로 궁중 무도회를 향해 출발했습니다. 궁중 무도회의 홀은 그 야말로 근사했습니다. 참석한 모든 아가씨들도 자신들의 가장 아름다운 드레스로 인해 빛나고 있었죠. 신데렐라가 들어서자 그녀의 빼어난 외모와 아름다운 드레스에 모든 시선들이 멈췄습니다. 신데렐라에게 첫눈에 반한 왕자는 곧바로 춤을 추기 위해 그녀를 데리고 나갔습니다.

subió a la limusina
al instante

subir a ~에 오르다

▶ *Cenicienta subió a la limusina.* 신데렐라는 마차에 올라탔다.

Vocabularios

lucid@ 빛나는, 훌륭한, 화려한, 굉장한
se dirigió 동사 dirigirse(향하다)의 단순과거 3인칭 단수
espléndid@ 화려한, 멋진, 근사한, 호화스러운
lucían 동사 lucir(빛나다, 반짝이다, 빼어나다)의 불완료과거 3인칭 복수
se fijaron 동사 fijarse(고정하다, 집중하다, 주목하다)의 단순과거 3인칭 복수

lúcid@ 총명한, (설명이) 명쾌한
el **salón** 큰 홀, 회장
la **doncella** 처녀, 아가씨
la **mirada** 시선, 눈빛
enseguida 즉시, 즉각, 바로

Satisfacción de los padres del Príncipe

14. 흐뭇한 왕자의 부모님

Cuando la reina se dio cuenta de lo sucedido miró al rey y le dijo:

Creo que nuestro hijo ha encontrado a la mujer con la que pasará el resto de su vida.

　　　　　　　　　　　se dio cuenta de　　　　　　　　*creo que*　　　*el resto*
앞서 일어난 상황을 알아차린 왕비는 왕을 보며 말했습니다. "아무래도 우리 왕자가 평생 함께

할 여자를 만난 듯합니다."

| **darse cuenta de**　　~에 대해 깨닫다, 알아차리다

▶ *Cuando la reina se dio cuenta de lo sucedido miró al rey y le dijo.*
　　왕비는 일어난 일을 알아차리고 왕을 보며 말했다.

▶ *No me di cuenta de que estuvieras esperándome.*　네가 나를 기다리고 있는 줄 몰랐다.

| **ver, mirar y observer**

스페인어에는 시각적 행위를 표현하는 3가지 대표적 동사가 있습니다. 바로 ver, mirar, observar인데 세 동사 모두 조금씩 의미가 다릅니다.

ver | 시각을 통해 받는 또는 감지하는 의미로 '보이다'의 성격이 강합니다.
　　▶ *Hoy quiero ver una película.*　오늘은 영화 한 편 보고싶다.

mirar | 사물 또는 사람에 시선을 돌려 '보다'의 성격이 강합니다.
　　▶ *¡Mírame!* 날 쳐다봐!

observar | 사물 또는 사람에 대해 유심히 관찰하는 의미로 '관찰하다, 지켜보다'의 뜻을 가지고 있습니다.
　　▶ *Me gusta observar las estrellas del cielo.*　나는 하늘의 별들을 관찰하는 것을 좋아해.

Vocabularios

***la* satisfacción** 만족

miró 동사 mirar(보다)의 단순과거 3인칭 단수

encontrado 동사 encontrar(찾아내다, 찾다, 우연히 만나다)의 과거분사

***la* mujer** 여성, 여자

pasará 동사 pasar(지나가다, 통과시키다)의 미래 3인칭 단수 → pasar는 시간적인 표현에 사용되면 '시간을 보내다'라는 의미로 사용

***el* resto** 나머지, 남은 부분

***la* vida** 인생, 삶

'Ding-Dong', la alarma que señala la medianoche

15. 자정을 알리는 알람 '땡땡땡'

De repente, la alarma de su celular comenzó a timbrar las doce campanadas.

En ese mismo instante

Cenicienta salió corriendo

sin dar ninguna explicación al Príncipe.

Y al bajar apresuradamente las escaleras,

dejó caer uno de sus zapatos.

　　　　　　　　de repente　　　　　　　　　　　comenzó a
그 때 갑자기 핸드폰의 알람이 열두 번 울리기 시작했습니다. 그 순간 신데렐라는 왕자에게
　　　　sin dar ninguna explicación　　　apresuradamente
아무런 설명도 없이 뛰쳐나갔습니다. 그리고 급하게 계단을 내려간 신데렐라는 구두 한 짝을
　　　　　　　　　　　　　salió corriendo

떨어뜨리고 말았죠.
　　dejó caer

de repente 갑자기, 별안간

유사한 표현으로 de golpe, repentinamente 등이 있습니다.

▶ *De repente, mi hijo comenzó a llorar.* 아들이 갑자기 울기 시작했다.

▶ *De repente llueve mucho.* 갑자기 비가 많이 온다.

comenzar a+동사원형 ~하기 시작하다

▶ *En enero comenzaremos a hacer pilates.* 우리는 1월부터 필라테스를 시작할 것이다.

▶ *Hace dos meses comencé a hacer dieta.* 다이어트를 시작한지 두 달 되었다.

> **apresuradamente** 급하게

rápidamente, urgentemente와 같은 의미로 사용합니다.

▶ *Al bajar apresuradamente las escaleras, dejó caer uno de sus zapatos.*
급하게 계단을 내려가며 구두 한 짝을 떨어뜨렸다.

▶ *Melisa apresuradamente se fue a su casa.*
멜리사는 급하게 집으로 갔다.

Vocabularios

la **alarma** 알람
comenzó 동사 comenzar(시작하다)의 단순과거 3인칭 단수
la **campanada** 종소리
corriendo 동사 correr(달리다)의 현재분사
bajar 내려가다
las **escaleras** 계단
caer 넘어지다

el **celular**(*el* **móvil**) 휴대폰
timbrar 울리다
salió 동사 salir(나가다)의 단순과거 3인칭 단수
la **explicación** 설명
apresuradamente 급하게
dejó 동사 dejar(놓다, 남기다)의 단순과거 3인칭 단수

Cenicienta desencantada del hechizo

16. 마법이 풀린 신데렐라

Apenas pudo llegar a tiempo a su casa,

porque en el mismo instante todo volvió a ser como era antes.

El hechizo había desaparecido.

a tiempo

신데렐라는 겨우 시간에 맞춰 집에 도착할 수 있었습니다. 집에 도착하자마자 마법이 풀려 모든 것이 예전처럼 돌아갔습니다.

llegar a tiempo 시간에 맞춰 도착하다, 제시간에 도착하다

▶ *Apenas pudo llegar a tiempo a su casa.* 신데렐라는 집에 제 시간에 겨우 도착할 수 있었다.

▶ *El metro llega a tiempo, es muy puntual.* 지하철은 제시간에 맞춰 도착하고 시간이 정확하다.

Vocabularios

pudo 동사 poder(가능하다, 할 수 있다)의 단순과거 3인칭 단수
a tiempo 제시간에
el **instante** 순간, 순식간, 눈 깜짝할 사이
volvió 동사 volver(돌아오다, 돌아가다)의 단순과거 3인칭 단수
desaparecido 동사 desaparecer(사라지다, 없어지다)의 과거분사

apenas 겨우
mism@ 같은, 동일한, 똑같은
el **hechizo** 주술, 주문

El conmocionado Príncipe Azul

17. 충격에 빠진 백마 탄 왕자

Para la mañana siguiente todo el reino estaba en una conmoción muy grande.

Todos se preguntaban:

"¿Quién era esa hermosa joven y por qué había salido tan rápida y misteriosamente?"

Con el zapato de cristal el Príncipe se dio a la tarea de encontrar a la hermosa joven que le había robado el corazón.

Dijo al rey y la reina que se casaría con la doncella al que el zapato le calzara perfectamente.

　　　　　　　para la mañana siguiente　　una conmoción muy grande
다음 날 아침 온 왕국은 어마어마한 충격에 빠졌습니다. 사람들은 서로에게 물어봤습니다.
　　　　　　　hermosa joven
"그 아름다운 아가씨는 누구였지? 왜 그렇게 빨리 몰래 사라진 걸까?"
　　　　　　　　　el zapato de cristal
왕자는 남겨진 유리구두를 가지고 자신의 마음을 빼앗아버린 그 아름다운 아가씨를 찾는 일에
　　　　　　　　　　　　　　　　　　　　　　　　　se casaría con
전념했습니다. 왕과 왕비에겐 구두가 완벽하게 맞는 아가씨와 혼인을 할 것이라고 말했죠.

가능법(condicional)

▶ *Dijo al rey y la reina que se casaría.* 왕과 왕비에게 결혼할 것이라고 말했다.

* 과거에서의 미래에 대한 표현은 가능법을 사용합니다.

darse a　~에 전념하다, 빠지다

▶ *Ella se da a tomar vino todas las noches.* 그녀는 매일 밤 와인 마시는 것에 빠졌다.

Vocabularios

***la* conmoción** (육체, 정신적) 충격

se preguntaban 동사 preguntarse(자문하다, 서로에게 물어보다)의 불완료과거 3인칭 복수

misteriosamente 신비스럽게, 몰래, 비밀리에

***la* tarea** 일, 업무, 임무, 숙제

robado 빼앗긴 (robar의 과거분사)

quitad@ 빼앗긴

***la* doncella** 처녀, 아가씨

calzara 동사 calzar(신발을 신다/신기다)의 접속법 과거 1, 3인칭 단수

perfectamente 완벽하게

Llegada del Príncipe a la casa de Cenicienta

18. 신데렐라 집에 도착한 왕자

El Príncipe salió en busca de la dueña de este zapato

y recorrió todas las aldeas, pero todo era en vano.

Por fin el séquito del Príncipe llegó a la casa donde Cenicienta vivía

y aunque sus hermanas intentaron que el zapato les calzara

perfectamente, pero nunca lo lograron.

　　　　　　　　　　　　　　　　　　　　　　　　　era en vano　　*por fin*
왕자는 구두의 주인을 찾기 위해 온 마을을 돌아봤지만 성과가 없었습니다. 마침내

왕자의 수행원이 신데렐라가 살고 있는 집에 도착했고, 그녀의 새 언니들은 구두가 그녀들에게
　　　　　　　　　　　　　nunca lo lograron
완벽하게 맞도록 애써봤지만 소용없었죠.

en busca de　~을 찾아, ~을 찾으러

▶ *El Príncipe salió en busca de la dueña de este zapato.*　왕자는 신발의 주인을 찾아 나섰다.

▶ *Todo el día nosotros recorrimos en busca de mi perrito.*
우리는 하루 종일 강아지를 찾으러 돌아다녔다.

en vano　헛되이, 부질없이, 보람없이

▶ *Todo es en vano*　모든 것이 허사다
▶ *Esperar en vano*　부질없이(헛되이) 기다리다
▶ *Trabajar en vano*　일한(수고한) 보람이 없다

aunque 비록 ~이지만, 설령 ~일지라도

aunque+indicativo(직설법) | 비록 ~이지만 → 사실에 기반한 확실한 행위(동사)일 때
aunque+subjuntivo(접속법) | 설령 ~일지라도 → 기대나 바람과 같은 불확실한 행위(동사)일 때

▶ *Aunque no me <u>amas</u>, te amaré mucho.* 너는 날 사랑하지 않지만, 난 널 사랑할 거야.

▶ *Aunque no me <u>ames</u>, te amaré.*
   (상대방이 나를 좋아하는지 모르지만) 네가 날 사랑하지 않을지라도 나는 너를 사랑할 거야.

intentar que+접속법 ~하려고 애쓰다

▶ *Sus hermanas intentaron que el zapato les calzara perfectamente.*
  언니들은 구두가 그녀들에게 꼭 맞도록 애썼다.

  * 주절 동사와 종속절의 시제를 일치 시킵니다.

  주절   직설법 과거   + 종속절   접속법 과거

Vocabularios

el/la **dueño@** 주인, 소유자
la **búsqueda** 수색, 검색, 추구
recorrió 동사 recorrer(돌아다니다, 달리다)의 단순과거 3인칭 단수
la **aldea** 마을
el **séquito** 수행원
lograron 동사 lograr(달성하다, 성취하다, 얻다)의 단순과거 3인칭 복수
perder 잃다, 분실하다, 놓치다, 지다

la **busca** 수색, 수사
van@ 헛된, 쓸모 없는, 허망한
el/la **escolta** 경호원, 호위, 호송
obtener 얻다, 획득하다, 입수하다
fracasar 실패하다, 틀어지다
conseguir 얻다, 획득하다, 달성하다

La dueña del zapato de cristal

19. 유리구두의 주인

Los guardias preguntaron, si alguien más vivía en esta casa y la madrastra respondió que nadie más vivía aquí.

Pero uno de los guardias vio a una joven que trabajaba en la cocina y en seguida se lo dijo al Príncipe.

El Príncipe dio la orden de traerla de inmediato. Y enseguida ella estaba delante de ellos.

Cuando Cenicienta se calzó el zapato, la madrastra y sus hermanastras se pusieron furiosas al ver que le quedaba perfectamente.

경비대원들이 집에 사는 사람이 더 있는지 물어보자 계모는 없다고 대답했습니다.

하지만 경호원 한 명이 주방에서 일하고 있는 한 아가씨를 보게 됐고 곧바로 왕자에게 알렸습 *en seguida*

니다. 이에 왕자는 당장 그녀를 데려오라고 명했고 곧바로 그녀는 사람들 앞에 서게 됐죠. *delante de*

신데렐라가 구두를 신었을 때 계모와 새 언니들은 신데렐라에게 구두가 완벽하게 들어 맞는
것을 보고 분통을 터뜨렸습니다. *se pusieron furiosas*

부정어 (palabras negativas)

nadie | 아무도 (영어의 no one/nobody) → 사람에 해당

▶ *En esta oficina nadie trabaja.* 이 사무실에는 아무도 근무하지 않는다.

nada | 아무 것(일)도 (영어의 nothing) → 사물, 상황에 해당

▶ *No quiero nada. (=Nada quiero.)* 나는 아무것도 원하지 않는다.

el orden y la orden

명사 orden은 남성형과 여성형 두 가지를 모두 쓰는데 뜻이 각기 다릅니다. el orden은 '순서, 순번'을 의미하고 la orden은 '명령, 지시'를 뜻합니다.

▶ *La lista estaba escrita por (el) orden alfabético.* 명단은 알파벳 순서로 쓰여 있었다.
  * estar en orden: 잘 정리되어 있다, 이상이 없다

▶ *El soldado ha recibido la orden de disparar.* 군인은 쏘라는 명령을 받았다.

quedar perfectamente = quedar perfecto (완벽하게, 잘) 들어맞다, 어울리다

▶ *¡La cartera / el vestido / la zapatilla te queda perfecto!*
핸드백이/드레스가/구두가 너한테 잘 어울리네!

Vocabularios

alguien 어떤 사람, 누군가, 누가
el/la **guardia** 경비원, 감시, 경비, 경비대원
respondió 동사 responder(답하다, 대답하다)의 단순과거 3인칭 단수
contestar 답하다, 대답하다
en seguida = enseguida 즉시, 바로
de inmediato = inmediatamente 즉시, 당장, 바로, 곧
furios@ 격노한, 미쳐 날뛰는, 광란의, 광포한
perfectamente 완벽하게, 완전하게, 결점없이, 잘

Final feliz

20. 행복한 결말

Inmediatamente el Príncipe recordó su cara

y la llevó inmediatamente al palacio

para casarse con ella y vivir felices para siempre.

왕자는 바로 그녀의 얼굴을 기억했고 그녀와 혼인하기 위해 궁으로 데리고 가서 *para siempre* 평생을 *vivir felices* 행복하게 살았습니다.

reconocer 인정하다, 알아보다

많은 경우 누군가의 얼굴을 알아봤을 때 reconocer(인정하다, 사람 또는 사물을 알아보다) 동사를 사용하기도 합니다.

▶ *Mi abuela no me reconoce por su enfermedad.*
  내 할머니께서는 질병으로 인해 날 알아보지 못하신다.

▶ *Los perros reconocen a sus dueños por el olor.* 개들은 냄새로 자신들의 주인을 알아본다.

▶ *¡Ahora te reconozco! (= ¡Ahora te recuerdo!)* 이제 널 알아보겠어!

Vocabularios

inmediatamente 즉시, 당장, 곧바로
recordó 동사 recordar(기억하다)의 단순과거 3인칭 단수
llevó 동사 llevar(데리고 가다, 가져가다, 가져오다)의 단순과거 3인칭 단수
el **palacio** 궁, 왕궁

la **cara** 얼굴, 안면
casarse 결혼하다
para siempre 영원히
siempre 항상

La Cenicienta 신데렐라

Silvia 원어민 (남) 원어민 (여)

Había una vez, en un pequeño reino, una amable y dulce jovencita llamada Cenicienta. Su belleza y carácter eran inigualables.

Su felicidad se tornó imperfecta cuando su madre murió y su padre volvió a casarse con una mujer malvada, fea y cruel que tenía dos hijas con el mismo carácter que ella. Las tres odiaban mucho a Cenicienta y la hacían trabajar día y noche sin descanso y había días que ni siquiera le daban algo para que ella pudiera comer.

Cierto día llegó una invitación de parte del Rey. Era la invitación para celebrar el baile real en honor del Príncipe. Todas las chicas del reino habían sido invitadas. "¡Eso significa que yo también puedo ir!" Pensó Cenicienta.

Sus hermanastras y su madrastra se echaron a reír. "Muy bien Cenicienta", dijo su madrastra, "¿Quieres ir? Podrás ir, después de que termines tus quehaceres."

La Cenicienta 신데렐라

La enviaron a la cocina para que terminara de lavar los platos, hacer la comida, limpiar y barrer y por si fuera poco le dejaron dos enormes sacos de arroz y frijol mezclados para que los separara y los pusiera en sus respectivos recipientes. La hora de ir al baile llegó y Cenicienta no estuvo lista. Sus hermanastras y madrastra se echaron a reír y cuando estaban a punto de salir de la casa, le dijeron en tono de burla: "Si te apuras, podrás ir al baile y disfrutar con nosotras."

Cuando Cenicienta terminó de hacer los quehaceres, estaba muy cansada y al ver los costales de arroz y frijol mezclados se puso a llorar. Pensó que nunca terminaría y entre sollozos recordó a su madre y a su padre que siempre habían sido tan buenos con ella.

Fue en ese instante cuando apareció su Hada Madrina. Le dijo: "¡Cenicienta, no estás sola! ¿Quieres ir al baile?" Entre sollozos ella le dijo que por supuesto que quería ir. Ella la abrazó y le dijo: "No llores mi pequeña, he estado observando todo lo que te ha sucedido. ¡Claro que irás al baile!"

En ese momento ella extendió su varita mágica y con la punta señaló un par de calabazas y a un ratón que pasaba por la chimenea. Y en un instante las calabazas se convirtieron en una hermosa y lujosa limusina y el ratón fue convertido en un chofer elegante.

Cenicienta estaba feliz. Apenas si podía creerlo. Pero al ver su vestido viejo y feo volvió a ponerse triste.

Su Hada Madrina la miró y le dijo: "Mi niña, he pensado en absolutamente todo…"

Agitó nuevamente su varita, tocó su vestido sucio y feo y lo convirtió en el más hermoso que ella hubiese visto alguna vez y como toque final le regaló una hermosa tiara y un par de hermosos zapatos de cristal.

La Cenicienta 신데렐라

"Ahora sube pequeña." Le dijo su Hada Madrina. "Mi consejo final es no olvides que debes regresar a casa antes de la medianoche, pasada la medianoche el hechizo se romperá y todo volverá a ser como antes." "Lo recordaré..." Prometió Cenicienta.

Cenicienta subió a la limusina y se dirigió al instante al baile real. El salón de baile real era espléndido. Todas las doncellas lucían sus vestidos más hermosos. Cuando Cenicienta entró, todas las miradas se fijaron en ella por su belleza y por su hermoso vestido. Cuando el Príncipe vio a Cenicienta, se enamoró de ella al instante, y la sacó enseguida para bailar.

Cuando la reina se dio cuenta de lo sucedido miró al rey y le dijo: "Creo que nuestro hijo ha encontrado a la mujer con la que pasará el resto de su vida."

De repente, la alarma de su celular comenzó a timbrar las doce campanadas. En ese mismo instante Cenicienta salió corriendo sin dar ninguna explicación al

Príncipe. Y al bajar apresuradamente las escaleras, dejó caer uno de sus zapatos.

Apenas pudo llegar a tiempo a su casa, porque en el mismo instante todo volvió a ser como era antes. El hechizo había desaparecido.

Para la mañana siguiente todo el reino estaba en una conmoción muy grande. Todos se preguntaban: "¿Quién era esa hermosa joven y por qué había salido tan rápida y misteriosamente?" Con el zapato de cristal el Príncipe se dio a la tarea de encontrar a la hermosa joven que le había robado el corazón. Dijo al rey y la reina que se casaría con la doncella al que el zapato le calzara perfectamente.

El Príncipe salió en busca de la dueña de este zapato y recorrió todas las aldeas, pero todo era en vano. Por fin el séquito del Príncipe llegó a la casa donde Cenicienta vivía y aunque sus hermanas intentaron que el zapato les calzara perfectamente, pero nunca lo lograron.

La Cenicienta 신데렐라

Los guardias preguntaron, si alguien más vivía en esta casa y la madrastra respondió que nadie más vivía aquí. Pero uno de los guardias vio a una joven que trabajaba en la cocina y en seguida se lo dijo al Príncipe.

El Príncipe dio la orden de traerla de inmediato. Y enseguida ella estaba delante de ellos. Cuando Cenicienta se calzó el zapato, la madrastra y sus hermanastras se pusieron furiosas al ver que le quedaba perfectamente.

Inmediatamente el Príncipe recordó su cara y la llevó inmediatamente al palacio para casarse con ella y vivir felices para siempre.

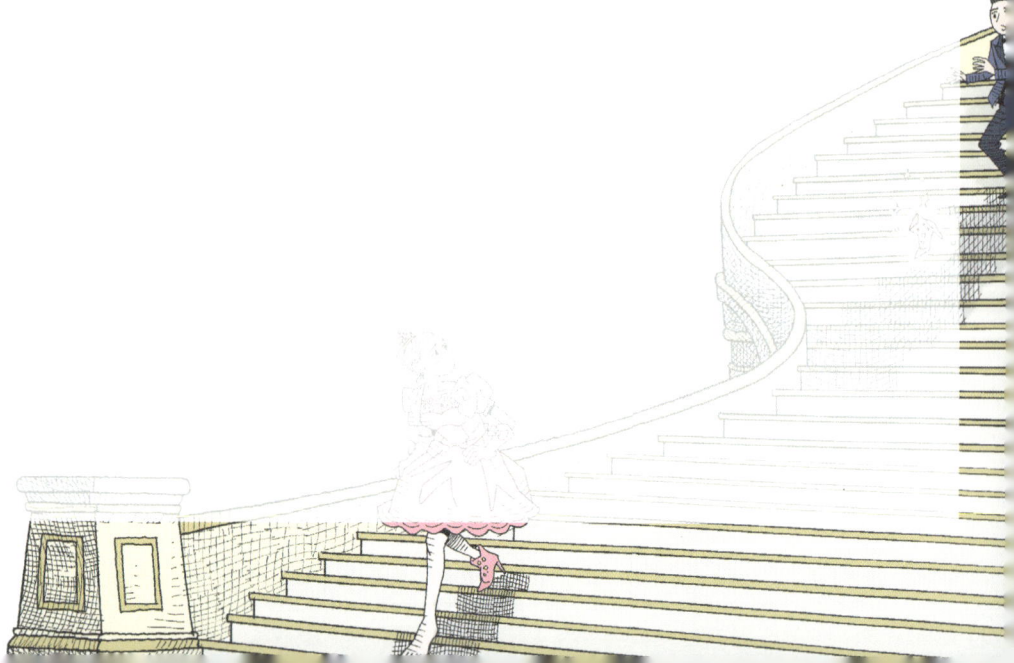

Blanca Nieves 백설공주

Vocabulario de uso cotidiano y nuevo 일상용어·최신어휘

 **el sombrero** 모자

 **el cuadro** 액자

 **la ventana** 창문

 **el collar** 목걸이
los pendientes 귀걸이
la pulsera 팔찌

 **el cinturón** 벨트

 **el martillo** 망치

 **mirar el espejo** 거울을 보다

 **gritar** 소리지르다
enojarse 화내다

 **recibir un sobre con dinero** 돈봉투를 받다

 **el cabello está cuidadosamente atado** 단정하게 묶은 머리

 **los cigarrillos electrónicos** 전자담배
fumar 담배를 피우다

 **peinarse el cabello con la mano** 손으로 머리카락을 빗다

 **mirar hacia atrás**
뒤를 돌아보다
mirar
쳐다보다

 **traspasar la caja**
박스를 옮기다

 **el pan y los platos**
빵과 접시
el plato vacío
빈 접시

 **la almohada**
베개

 **el descalzo**
맨발

 **la merienda** 간식
merendar
간식을 먹다

 **hacer compras**
장을 보다

 **hablar por teléfono**
통화하다

 **caerse**
넘어지다

 **la piedra** 바위
las tijeras 가위
y el papel 보

 **mostrar los dientes y reír con confianza**
자신 있게 치아를 드러내고 웃다

 **ponerse los aretes**
귀걸이를 하다

Vocabulario de uso cotidiano y nuevo 일상용어·최신어휘

cargar el celular(móvil)
휴대폰 충전하기

cuidarse la piel
피부관리 하다

cantar divertid@
노래를 신나게 부르다

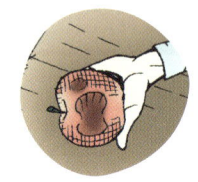
morder una manzana
사과를 베어 먹다

¡olé! – ¡viva!
만세

tomar selfie
셀카를 찍다

agarrarse de la mano
손잡다

la fuente
분수대

el banco
벤치

disfrutar las vacaciones
휴가를 즐기다

juega con el agua
물놀이

el porche
베란다
el balcón
발코니

 **la sombrilla, el parasol**
파라솔

 **empujando la carriola**
유모차를 밀다

 **correr rápido**
빨리 달리다

 **tener vergüenza**
수줍어하다

 **mirar hacia arriba a la barbilla**
턱을 괸 채로 쳐다보다

los personajes de Blanca Nieves 등장인물

Blanca Nieves 백설공주
la chica que disfruta usar leggings
레깅스 즐겨 입는 여자

el príncipe(José) 왕자
el chico deportista
운동하는 남자

la madrastra 계모

la mujer elegante y presumida
멋쟁이

especialmente se preocupa mucho por el peinado y la piel
특히 머리스타일과 피부에 신경 많이 씀

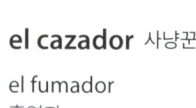

el cazador 사냥꾼

el fumador
흡연자

la anciana de la manzana 사과할머니

prefiere usar el taxi
택시애용자

los enanos 난쟁이

con los nombres del arco iris
무지개 이름의 친구들

tener mucha diversión
흥이 많다

el espejo mágico 마법거울

a veces tiene una percepción lenta
눈치가 없을 때가 있음

Nacimiento de Una niña al igual que un poco de nieve

1. 눈꽃 같은 아이의 탄생

Había una vez una niña que era muy hermosa,

su piel era blanca como la nieve y tenía las mejillas rosadas.

Por eso cuando ella nació sus padres

le pusieron por nombre Blanca Nieves.

había una vez
옛날 옛적에 눈처럼 하얀 피부에 장밋빛 뺨을 가진 매우 아름다운 한 소녀가 있었습니다.

le pusieron por nombre
그래서 그녀가 태어났을 때 그녀의 부모님은 백설이라는 이름을 지어주었죠.

había 무인칭 동사 haber의 불완료과거 3인칭 단수

무인칭 동사 haber는 3인칭을 사용해 불특정 대상에 대해 '(실제) ~이 있다, 존재한다'는 뜻으로 사용합니다. había는 una vez(한 번, 한 차례, 어느 때)와 함께 쓰여서 '(과거)어느 시기에 ~ 이 있었다'라고 해석할 수 있지만, 우리도 동화나 옛날 이야기를 할 때 서두에 '옛날 옛적에'로 시작하듯이 스페인어도 había una vez~ 를 사용하여 '옛날 옛적에 ~이 있었다'라는 의미로 많이 표현합니다.

que 관계대명사

(~인, ~한) 사람 또는 사물 등의 선행사를 수식하는 종속절을 연결해주는 역할을 합니다.

▶ *Una niña que era muy hermosa* 한 소녀+~인+아름다웠다 → 아름다웠던 한 소녀

> 간접목적대명사+poner por nombre+이름 ~에게 ~라는 이름을 지어주다

▶ *Mis padres nos pusieron por nombre español.*
부모님은 우리에게 스페인어 이름을 지어 주셨다.

▶ *Le voy a poner por nombre Sebastián.*
나는 그에게 세바스띠안 이라는 이름을 지어줄 거야.

Vocabularios

la niña 어린 (여자)아이
hermos@ 아름다운, 예쁜
la piel 피부, 살갗, (동물의) 가죽
el/la blanc@ 백인, 피부가 하얀 사람
el/la negr@ 흑인, 피부가 검은 사람
la cara 얼굴
rosad@ 장밋빛의
colorad@ 붉은빛의
cuando ~할 때
nació 동사 nacer (태어나다)의 단순과거 3인칭 단수
el padre 아빠, 아버지
pusieron 동사 poner (놓다, 두다)의 단순과거 3인칭 복수
nombrar 이름을 부르다(말하다), 임명하다

el niño 남자아이
era 동사 ser (~이다)의 불완료과거 1, 3인칭 단수
blanc@ 하얀, 흰
negr@ 검은, 어두운
la mejilla (얼굴의) 볼, 뺨
la caradura 철면피, 뻔뻔한 사람
la rosa 장미
azulad@ 푸른빛의
cuándo 언제
los padres 부모님
el sobrenombre (*el* apodo) 별명
blanca nieves 백설 - (직역) 하얀 눈

La madrastra y el espejo mágico

2. 계모와 마법거울

Tiempo después su madre falleció y su padre se casó de nuevo con una mala mujer.

Ella era tan cruel y despiadada con Blanca Nieves y siempre le decía

que era una niña muy fea.

Esta mujer tenía un espejo mágico, al que todos los días le preguntaba:

　　　　　　　tiempo después
시간이 지나고 그녀의 어머니가 돌아 가시자 그녀의 아버지는 사악한 여자와 재혼을 했습니다.

계모는 백설을 너무나 냉혹하고 매정하게 대하였고 그녀에게 항상 못생긴 아이라고 말하곤 했
　　　　　　　　　un espejo mágico　　　　todos los días
습니다. 계모는 마법거울 을 가지고 있었는데 매일 거울에게 물어봤습니다.

동사+de nuevo   다시 ~하다

[조동사 volver a+동사원형]를 같은 의미로 표현할 수 있습니다.

▶ *Ella comió de nuevo después de atender el teléfono.*

▶ *Ella volvió a comer después de atender el teléfono.*
　　그녀는 전화 통화 후 다시 식사를 했다.

tan+형용사

형용사를 더 강조하는 표현으로 muy와 유사합니다. muy와 tan은 어떻게 구별하여 쓸까요?
muy는 어떠한 새로운 정보에 대해 이야기할 때 쓰며, tan은 이미 언급된 사안에 대해 사용됩니다.

▶ *Era una casa <u>muy</u> grande. Era <u>tan</u> grande que vivían 10 personas en ella.*
　　매우 큰 집이었다. 너무 커서 그곳에는 10명의 사람들이 살고 있었다.

Vocabularios

murió 동사 morir(죽다, 사망하다)의 단순과거 3인칭 단수
fallecer 죽다, 사망하다 - morir보다 조금 더 존대하는 표현
volvió 동사 volver(돌아오다)의 단순과거 3인칭 단수
casarse 결혼하다
la **boda** 결혼식, 결혼
la **separación** 이별, 분리
mal@ 사악한
la **mujer** 여자 ↔ *el* **hombre** 남자, 인간, 사람
despiadad@ 인정 없는
la **piedad** 자비, 동정
el/la **fe@** 추남, 추녀
la **bruja** 마녀

el **casamiento** 결혼(식)
divorciarse 이혼하다
separarse 이혼하다, 헤어지다
bodados@ 선량한, 선한
cruel 잔혹한, 냉혹한, 잔인한
piados@ 인정 많은
fe@ 못생긴, 추한
el **espejo** 거울
el/la **mag@** 마법사, 마술사
nuev@ 새로운
mágic@ 마법의, 마술의

"Espejo, ¿quién es la más hermosa del mundo?"

3. "거울아 세상에서 누가 가장 예쁘니?"

"Espejito, espejito. ¿Quién es la más linda?"

Y el espejo respondía: "Tú mi ama, tú eres la más linda."

"거울아, 거울아. 누가 가장 예쁘니?" 그러면 거울이 답하기를, "나의 주인님, 당신이 가장 예쁩니다."

la más linda (위 "가장 예쁘니"에 표시)

> **ser+lind@** 예쁘다, 아름답다, 멋있다

명사 앞 또는 뒤에 붙으면 '예쁜/아름다운/멋있는 ~'로 해석합니다.

　　* 스페인어에는 아름다움을 표현하는 단어가 많아요. 다양하게 표현을 해보세요.

　　lind@, precios@, hermos@, bonit@, guap@, bell@

> **최상급 (superlativo)**

[el, la, los, las, lo+más+형용사]로 나타내며 '가장(제일) ~한 것' 이라는 뜻이 됩니다.
정관사는 표현하려는 대상 명사의 성에 따라 사용합니다.

▶ *la más rica* 가장 맛있는 것
▶ *Este móvil es el más caro en esta tienda.* 이 휴대폰은 이 매장에서 가장 비싼 것이다.

> **Vocabularios**

respondía 동사 responder(답하다, 대답하다)의 불완료과거 1, 3인칭 단수
contestar 답하다, 대답하다　　　　　　　　*la* **ama** 여주인
el **amo** 남주인　　　　　　　　　　　　　　*el/la* **dueñ@** 주인, 소유자(주)

Uno de los días más felices de la madrastra

4. 계모의 행복한 나날 중 어느 날

Los años transcurrían sin ninguna novedad.

Pero un día cuando la madrastra le preguntó al espejo quién es la más guapa, este contestó:

              sin ninguna novedad   un día
이후 별탈 없이 수년이 지나가고 있었습니다. 하지만 어느 날 계모가 거울에게 누가 가장

예쁜지 묻자 거울이 대답했죠.

지시형용사 및 지시대명사

	이		그		저	
	남성	여성	남성	여성	남성	여성
단수	este	esta	ese	esa	aquel	aquella
복수	estos	estas	esos	esas	aquellos	aquellas

예전에는 지시대명사에는 아쎈또가 있고 지시형용사에는 아쎈또가 없는것으로 구분하였으나, 현재는 지시대명사에도 아쎈또를 사용하지않습니다. 지시사가 하나만 사용이 되면 지시대명사, 지시사와 명사가 함께 사용이되면 지시형용사로 구분을 합니다. 지시대명사 중성형은 다음과 같이 나타냅니다.

    * 이것: esto / 그것: eso / 저것: aquel

Vocabularios

transcurrían 동사 transcurrir (<시간이>흐르다, 지나가다)의 불완료과거 3인칭 복수
pasar 지나가다, 통과하다
sin ~없이, 없는
sin novedad 변함(이상) 없이, 무사히
el **padrastro** 계부
el **padrino** 대부
preguntó 동사 preguntar(묻다, 질문하다)의 단순과거 3인칭 단수
quién 누구, 누가
correr 달리다, 뛰다, 흐르다
la **novedad** 사건, 소식
la **madrastra** 계모
la **madrina** 대모
la **guapa** 미녀
el **guapo** 미남

El espejo mágico es demasiado sincero

5. 너무 정직한 마법거울

"Lo siento mi ama, tú eres la más linda; pero hoy la más hermosa es Blanca Nieves."

Cuando la madrastra escuchó eso, se puso furiosa y de inmediato y en secreto mandó (a) buscar a un cazador, al cual le dio la siguiente orden:

"죄송합니다 주인님. 당신이 가장 예쁘지만 현재는 백설이 제일 예쁩니다." 그 대답을 듣자
계모는 격노하였고 그 즉시, 그리고 비밀스럽게 사냥꾼을 찾으라 명하면서 사냥꾼에게 다음과
같은 명령을 내렸습니다.

- lo siento
- la más hermosa
- se puso furiosa
- en secreto
- de inmediato

> **de inmediato** 당장, 즉시

inmediatamente로 대체하여 쓸 수 있으며 유사한 표현으로는 enseguida, al instante, en el acto이 있습니다.

Vocabularios

pero 하지만, 그러나
escuchó 동사 escuchar(듣다)의 단순과거 3인칭 단수
oír 듣다, 들리다
se puso 동사 ponerse (놓이다, ~상태가 되다)의 단순과거 3인칭 단수
furios@ 격노한
enfurecid@ 화난, 격노한
mandó 동사 mandar (보내다, 명령(지시)하다)의 단순과거 3인칭 단수

el **cazador** 사냥꾼
dio 동사 dar (주다)의 단순과거 3인칭 단수
entregar 건네다, 건네주다
ceder 양보(양도)하다, 물려주다
siguiente 다음의, 나중의
la **orden** 명령
el **orden** 순서, 차례

La madrastra furiosa y su terrible plano

6. 분노한 계모의 무서운 계략

> Mañana llevarás al bosque a Blanca Nieves con el pretexto de dar un paseo y cuando estén allá y cuando llegue la noche, tú la matarás. Como prueba de que ha muerta quiero que en una caja me traigas su corazón.

　　　　　　　dar un paseo
"내일 산책을 한다는 핑계로 백설을 숲으로 데려가시오. 그리고 숲에 도착해 날이 저물면 그녀
　　　　　　　　　　　　　como prueba de
를 죽이시오. 그녀가 죽었다는 증거로 상자에 그녀의 심장을 담아 나에게 가져오시오."

> **como prueba de+명사(또는 상황)**　~의 증거로

▶ *Como prueba de amor* 사랑의 증거로

Vocabularios

llevarás 동사 llevar(가지고 가다, 데리고 가다)의 단순미래 2인칭 단수
traer 가지고 오다, 데리고 오다
la **excusa** 변명, 핑계
estén 동사 estar(~있다)의 접속법 현재 3인칭 복수
asesinar 살해하다, 죽이다, 암살하다
cómo 어떻게
muert@ 죽은, 사망한
el/la muert@ 사망자, 죽은 사람
fallecid@ 죽은, 사망한
el/la fallecido@ 사망자, 죽은 사람

el **pretexto** 핑계, 구실
el **paseo** 산책, 산보
matarás 동사 matar(죽이다)의 미래 2인칭 단수
como ~과 같이, ~처럼, ~으로
la **prueba** 증거, 증명, 시험
la **caja** 상자, 박스
el **cajón** 큰 상자
traigas 동사 traer(가져오다)의 접속법 현재 2인칭 단수

La transformación del cazador
7. 생각을 바꾼 사냥꾼

A la mañana siguiente el cazador llegó muy temprano en busca de Blanca Nieves y juntos se internaron en el bosque.

Mientras iban juntos caminando, él contempló a la hermosa jovencita y pensó que era injusto y cruel matarla.

Así que de inmediato pensó en un plan para salvarla.

　　　　　a la mañana siguiente
다음 날 이른 아침 사냥꾼은 백설을 찾아서 함께 숲 속 깊은 곳으로 들어갔습니다.

함께 걷는 도중 사냥꾼은 아름다운 소녀를 보자 그녀를 죽이는 것은 너무 부당하고
　　　　　　　　　　　　　　　　　así que　　de inmediato
잔인하다는 생각이 들었습니다. 그래서 그는 즉시 그녀를 살려줄 계획을 세웠습니다.

a+정관사+시간명사+siguiente

시간명사의 바로 뒤에 이어지는 같은 단위의 시간을 표현합니다.

▶ *a la hora siguiente* 다음 시간에　　▶ *al día siguiente* 다음 날에

▶ *al mes siguiente* 다음 달에　　▶ *al año siguiente* 다음 해에

Vocabularios

llegó 동사 llegar(도착하다)의 단순과거 3인칭 단수
junt@s 함께
se internaron 동사 internarse(깊숙이 들어가다)의 단순과거 3인칭 복수
el **bosque** 숲
iban 동사 ir(가다)의 불완료과거 3인칭 복수
contemplar a ~을 주시하다, 응시하다
injust@ 부당한, 불공평한

tempran@ 이른, 일찍 ↔ **tardí@** 늦은
el **plan** 계획, 방안, 계책
la **selva** 밀림, 정글
caminando 동사 caminar(걷다)의 현재 분사
pensó 동사 pensar(생각하다)의 단순과거 3인칭 단수
just@ 정당한, 올바른

Otro plan del cazador

8. 사냥꾼의 또다른 계획은?

Lo primero que hizo fue hablarle a Blanca Nieves sobre las intenciones de su madrastra.

La miró y le dijo: "No te preocupes niña, que yo no pienso matarte."

Iría en busca de un jabalí para matarlo y ese sería el corazón que llevaría como prueba de su muerte.

　　　　　　　lo primero　　　　sobre las intenciones
사냥꾼은 먼저 백설에게 계모의 의도를 말해주었죠. 그녀를 바라보고 그가 말하였습니다.
　　　　　no te preocupe
"걱정말아요, 나는 당신을 죽일 생각이 없어요." 그(사냥꾼)는 멧돼지를 죽이기 위해 그것을 찾

으러 갈 것이고, 그것은 그녀의 죽음의 증거로 가져 갈 심장이 될 것이였습니다.

lo primero que+과거동사　　먼저(우선) ~했던 것

▶ *Lo primero que hice...*　내가 먼저 했던 것
▶ *Lo primero que encontró...*　(그, 그녀가) 먼저 발견했던 것

hablar(decir) de/a

hablar(decir) de ~에 대해 말하다
▶ *Puedo hablar de la verdad.*　나는 진실을 말할 수 있다.
▶ *Puedo decirte de la verdad.*　나는 너에게 진실을 얘기할 수 있다.

hablar(decir) a ~에게 말하다
▶ *Háblale a Juan. (=Dile a Juan.)*　후안에게 말 해(긍정명령 2인칭 단수).

| **en lugar de**+동사원형　~하는 대신에

유사한 표현으로 en vez de를 사용할 수 있습니다.

▶ *En lugar de(en vez de) estudiar, fui al cine.*　난 공부하는 대신 극장에 갔다.

| **en busca de**　~을 찾아

▶ *En busca de aventuras*　모험을 찾아서
▶ *En busca de lo mejores resultados*　더 좋은 결과를 찾아서
▶ *Salgo en busca de una panadería abierta.*　나는 영업중인 빵집을 찾으러 나간다.

Vocabularios

hizo 동사 hacer(하다, 만들다)의 단순과거 3인칭 단수
fue 동사 ser(~이다) 또는 ir(가다)의 단순과거 3인칭 단수
mataría 동사 matar(죽이다)의 조건법(가능법) 1, 3인칭 단수
iría 동사 ir(가다)의 조건법(가능법) 1, 3인칭 단수
sería 동사 ser(~이다)의 조건법(가능법) 1, 3인칭 단수

la **intención** 의도, 목적
el **propósito** 의도, 목적
la **muerte** 죽음, 사망
el **fallecimiento** 죽음, 사망, 서거

El último consejo del cazador

9. 사냥꾼의 마지막 권유

Como última recomendación le dijo que se internara en el bosque y que nunca más volviera a la ciudad y mucho menos visitara la casa de su padre.

Blanca Nieves continuó su camino y el cazador fue en busca del jabalí, después de matarlo le sacó el corazón y lo guardó en una caja.

　　　　　　　　　última recomendación　　　　　　　　　　nunca más
사냥꾼은 마지막 조언으로 그녀에게 숲 속 깊이 들어가서 다시는 마을로 돌아오지 말 것과

　　　　　　　　　　　　　mucho menos
그녀의 아버지 집에는 더욱 더 방문하지 말 것을 당부하였습니다. 백설은 가던 길을 계속 갔고

사냥꾼은 멧돼지를 찾아 죽인 후 심장을 꺼내 상자에 담았습니다.

nunca más

'결코' 라는 뜻인 nunca를 더 강조하는 표현으로 언젠가 한 번쯤 했던(일어났던) 것에 대해 더는 반복하지(되지) 말라는 의미로 '두 번 다시는/절대 다시는' 이라는 뜻도 포함합니다.

▶ *Ese hombre me ha traicionado, por eso nunca más voy a confiar en un hombre.*
　　저 남자는 나를 배신했어. 그래서 난 두 번 다시는 남자를 믿지 않을 거야.

* nunca는 유사 단어인 jamás와 함께 사용하여 더 부정하는 의미로 표현하기도 합니다.
　순서는 nunca jamás이니 유의해서 사용해주세요.

mucho menos 더(훨씬) 적게

y 또는 쉼표(,) 뒤에 붙으면서 앞 구절보다 더 강한 부정의 의미로 쓰입니다.

▶ *A mí, no me gusta ir a la escuela y mucho menos estudiar.*
나는 학교에 가는 것을 좋아하지 않아. 그런데 공부하는 것은 더 싫어.

le dijo que+접속법 ~하라고 말했다

▶ *Le dijo que nunca volviera a la ciudad.* (그녀에게) 마을로 절대 돌아오지 말라고 말했다.

* 주절 동사와 종속절의 시제를 일치 시킵니다.

주절 직설법 과거 + 종속절 접속법 과거

Vocabularios

últim@ 마지막의, 최후의, 최종의
primer@ 첫째의, 최초의, 처음의 - 남성명사와 쓰일 때 명사 앞에 붙으면 primer, 명사 뒤에 붙으면 primero로 사용됩니다.
la **recomendación** 조언, 추천, 의뢰
se internara 동사 internarse(깊숙이 들어가다)의 접속법 과거 1, 3인칭 단수
volviera 동사 volver(돌아오다, 돌아가다)의 접속법 과거 1, 3인칭 단수
visitara 동사 visitar(방문하다)의 접속법 과거 1, 3인칭 단수
la **visita** 방문, 방문객
continuó 동사 continuar(계속하다)의 단순과거 3인칭 단수
la **continuación** 연속, 계속, 연결
el **camino** 길
la **vía** 길, 도로

Una casita en medio del bosque

10. 숲 속의 작은 집

En su camino Blanca Nieves encontró una casita muy pequeñita y cuando entró se dio cuenta que allí debían vivir siete personitas muy chiquititas.

Porque había una mesita, siete camitas, siete sillitas, siete platitos, siete cucharitas y siete roperitos.

Como tenía mucha hambre se comió todo lo que había en los siete platitos y juntó las siete camitas y se echó a dormir.

　　　　　　　　　en su camino
백설은 길을 걷다가 아주 작은 집을 발견하였습니다. 그리고 집에 들어 갔을 때 그 곳은 일곱
　　　　　　　　　　　　　　　　　　　　　se dio cuenta que
명의 매우 작은 사람들이 사는 것이 틀림없다는 것을 알아차렸습니다. 그 곳엔 작은 탁자 하나, 작은 침대 일곱, 작은 의자 일곱, 작은 접시 일곱, 작은 숟가락 일곱 그리고 작은 옷장 일곱 개가 있었기 때문이죠. 백설은 배가 너무 고픈 나머지 작은 일곱 접시에 있던 음식을 모두 먹어
　　　　　　　　　se echo a dormir
버리고 작은 일곱 침대를 모으고는 잠에 들었습니다.

> **darse cuenta (de ~)**　~에 대해 눈치채다, 느끼다, 인식하다

▶ *Me di cuenta de su conspiración.* 　난 그의 음모를 눈치 챘다.

뒤에 동사절이 올 때는 que를 넣어서 사용합니다.

▶ *Me di cuenta de que él ha conspirado.* 　난 그가 음모를 꾸몄다는 것을 눈치 챘다.

echarse a+동사원형

echarse a (~에 몸을 던지다, 뛰어들다)+dormir (자다)=잠자리에 들다

불특정 유무의 존재

hay (현재) ~가 있다

había (불완료과거) ~가 있었다

▶ *Había una mesita y siete sillitas.* 테이블 하나와 의자 일곱개가 있었다.

Vocabularios

encontró 동사 encontrar(발견하다, 만나다, 찾다, 찾아내다)의 단순과거 3인칭 단수
pequeñit@ 아주 작은 →pequeñ@(작은)에 접미어 -it@가 붙은 형태
grande 큰, 커다란, 넓은
enorme 거대한, 막대한
debían 동사 deber(~해야 한다)의 불완료과거 3인칭 복수
la **personita** 작은 사람 - la persona(사람)에 접미어 -it@가 붙은 형태
tenía 동사 tener(가지고 있다, 소지하다)의 불완료과거 1, 3인칭 단수
la **hambre** 배고픔, 허기, 공복
la **carretera** (차가 다니는) 도로
después 뒤에, 후에, 나중에, 다음에
posteriormente 뒤에, 이후에
guardó 동사 guardar(저장하다, 집어넣다, 보호하다)의 단순과거 3인칭 단수
comió 동사 comer(먹다)의 단순과거 3인칭 단수
la **calle** 길, 거리
luego 뒤에, 후에, 곧, 속히
sacó 동사 sacar(꺼내다)의 단순과거 3인칭 단수

Los enanitos se sorprendieron de regreso a casa

11. 집에 돌아온 난쟁이 '깜짝!'

Esta casita era de los siete enanitos.

Cuando ellos llegaron a su casita la encontraron profundamente

dormida y al verla exclamaron: "¡Qué hermosa es!"

profundamente dormida

이 집은 일곱 난쟁이의 집이었습니다. 그들은 집으로 도착하여 깊은 잠에 빠져 있는 그녀를 발견하였고, 그녀를 보자 감탄하여 외쳤습니다. "정말 아름답구나!"

> **al+동사원형** ~을 하자마자, ~하는 순간

동사원형에는 언제나 정관사 el이 붙습니다.

▶ *Al conocer a la dueña de mi casa* 집 주인을 만나자마자

▶ *El gallo canta al amanecer.* 수탉은 동이 트자마자 운다.

Vocabularios

profundamente 깊게, 깊이
la **profundidad** 깊이, 깊은 곳
despiert@ 잠에서 깬
exclamaron 동사 exclamar(외치다, 부르짖다)의 단순과거 3인칭 복수

profund@ 깊은
dormid@ 잠든

Convivencia entre Blanca Nieves y los enanitos

12. 백설과 난쟁이의 동고동락

Conversaron entre sí y llegaron a la conclusión de que le pedirían que se quedara a vivir con ellos para siempre.

                    entre sí   para siempre

난쟁이들은 자신들끼리 대화를 나눈 후 그녀에게 영원히 자신들과 함께 살 것을

       llegaron a la conclusión de que

요청하기로 했습니다.

> **entre sí (또는 entre ell@s)**   (3인칭 복수) 서로, ~끼리

▶ *Pelean entre sí los amigos.* 친구들이 서로 싸운다.

▶ *Los amigos pelean entre sí.* 친구들끼리 싸운다.

다른 인칭에서는 어떻게 표현할까요?

   (1과 2인칭) *Entre tú y yo* 너와 나 사이

   (1과 3인칭) *Entre él(ella) y yo* 그(그녀)와 나 사이

   (1인칭 복수) *Entre nosotros* 우리끼리(사이)

   (2인칭 복수) *Entre vosotros* 너희끼리(사이)

* 나와 너, 나와 그녀 등 1인칭인 나와 다른 인칭을 함께 언급할 때는 통상적으로 상대를 앞, 나를 뒤에 언급합니다. yo를 앞에 사용해도 틀린 표현은 아닙니다.

▶ *tú y yo, ella y yo, ellos y yo…*

Vocabularios

conversaron 동사 conversar(대화하다, 이야기하다)의 단순과거 3인칭 복수
dialogar 대화하다, 대화로 말하다
charlar 담소하다, 이야기하다, 잡담을 나누다
entre ~의 사이에서, ~끼리
la **conclusión** 결론, 결말
la **consecuencia** 결과
el **resultado** 결과, 성과, 성적
pedirían 동사 pedir(부탁(요청)하다, 주문하다)의 조건법(가능법) 3인칭 복수
quedara 동사 quedar(남다, 잔류하다)의 접속법 과거 1, 3인칭 단수
siempre 항상, 언제나
constantemente 늘
continuamente 계속/연속적으로

Los enanitos se enteran de la conspiración

13. 실체를 알게 된 난쟁이들

Cuando Blanca Nieves se despertó de su profundo sueño, los enanitos le pidieron que se quedara a vivir con ellos.

Ella gustosamente aceptó y también les contó acerca de su malvada madrastra que quería matarla.

                    se despertó
백설이 깊은 잠에서 깨어나자 난쟁이들은 그녀에게 자신들과 함께 살자고 부탁하였습니다.

                                                            acerca de
그녀는 흔쾌히 수락하였고 자신을 죽이려 했던 사악한 계모에 대해서도 이야기해 주었습니다.

gustosamente 기꺼이

con gusto 혹은 con mucho gusto로 표현해도 됩니다.

Vocabularios

se despertó 동사 despertarse(깨다)의 단순과거 3인칭 단수
aceptó 동사 aceptar(수용(수락)하다, 받아들이다)의 단순과거 3인칭 단수
contó 동사 contar(이야기하다, 계산하다, 세다)의 단순과거 3인칭 단수
acerca de ~에 대해서, ~과 관련해서
quería 동사 querer(원하다, 바라다)의 불완료과거 1, 3인칭 단수
saldrían 동사 salir(나가다, 나오다, 떠나다)의 조건법(가능법) 3인칭 복수
la **limpieza** 청결함, 청소, 세탁

La preocupación de los enanitos

14. 난쟁이들의 걱정

Los enanitos le dijeron que todos los días ellos saldrían a trabajar y ella podía ayudarlos con la limpieza de la casa, también le dijeron:

"Debes tener cuidado, el bosque es un poco peligroso.

Nunca converses con extraños y no le abras la puerta a nadie."

난쟁이들은 그녀에게 그들은 매일 일을 하러 나가야 (saldrían a trabajar) 할테니, 그녀는 집 청소를 도와 줄 수 있 (la limpieza de la casa)

는지 물어 보았습니다. 또 "숲은 조금 위험한 곳이니 조심해야 해요. (debes tener cuidado) 절대 낯선 사람과 이야기

하지 말고 아무에게도 (a nadie) 문을 열어줘선 안 돼요."라고 말했습니다.

명령법 규칙동사

스페인어에서 명령형은 별도의 동사변형이 있습니다.

긍정과 부정 명령형은 변화가 다르며 명령법에서 명령의 대상이 없는 1인칭 단수는 제외됩니다.

	hablar	comer	vivir
tú	habla	come	vive
tú no	hables	comas	vivas
usted	hable	coma	viva
usted no			
nosotros	hablemos	comamos	vivamos
nosotros no			
vosotros	hablad	comed	vivid
vosotros no	habléis	comáis	viváis
ustedes	hablen	coman	vivan
ustedes no			

Blanca Nieves 123

본문 nunca converses는 conversar의 2인칭 단수로 '절대 대화하지 마라'는 부정 명령형이기 때문에 es가 붙어 사용되었습니다.

▶ *No le abras la puerta a nadie.* 아무에게도 문을 열어주지마.

   * no abras : abrir의 2인칭 부정 명령형

Vocabularios

peligros@ 위험한, 위태로운

extrañ@ 이상한

el/la **extrañ@** 외지 사람, 낯선 사람

nada 아무 것(일)도 (영어의 nothing) - 사물, 상황

no abras 동사 abrir(열다)의 부정 명령형 2인칭 단수 → 긍정 명령형은 abre

nadie 아무도 (영어의 no one/nobody) - 사람

el **cuidado** 주의

la **puerta** 문, 입구

el **bosque** 숲, 수풀, 삼림

no converses 동사 conversar(대화하다, 이야기하다)의 부정명령 2인칭 단수

La felicidad de la madrastra

15. 행복한 계모

Mientras tanto a la distancia, la madrastra de Blanca Nieves estaba muy feliz porque por fin había logrado su cometido: Hacer desaparecer a Blanca Nieves.

　　　　　　　　tanto a la distancia　　　　　　　　　　　　por fin
그사이 저 멀리서는 백설의 계모가 매우 행복해하고 있었습니다. 마침내 자신의 목적을

달성했기 때문이죠. 바로 백설을 없애 버리는 것!

| **mientras tanto**　그사이에

▶ *Mientras tanto empezó nevar.* 눈이 내리기 시작하는 사이에

mientras+동사 ~하는 동안에/도중
▶ *Mientras hablábamos, ella se durmió.* 우리가 얘기하는 동안 그녀는 잠들었다.

| **a la distancia**　멀리, 멀리서

▶ *Cuando hay problemas es muy importante observar(contemplar) a la distancia.*
문제가 있을 때는 멀리서 지켜보는 것이 매우 중요하다.

Vocabularios

la **distancia** 간격, 거리　　　　　　　　　**lograd**@ 성공한, 이룬
conseguid@ 얻은, 성공한, 달성한, 성취한　　*el* **cometido** 임무, 목적
el **objeto**/*el* **objetivo** 목적

Corta satisfacción de la madrastra

16. 계모의 기쁨도 잠시...

Durante un buen tiempo a la pregunta de ella:

"¿Quién es la más linda?"

El espejo siempre le respondía:

"Tú mi ama, tú eres la más linda."

　　　　　　　　　　　　la más linda
한동안 계모의 "누가 가장 예쁘니?" 라는 질문에 거울은 항상 그녀에게 대답 했습니다.

"나의 주인님, 당신이 가장 예쁩니다."

mientras y durante

durante | 이미 시작과 끝이 완료가 된 **시기** 중 일어난 사건을 표현할 때 사용되며 뒤에는 동사절이 올 수 없습니다.

mientras | 뒤에는 **동사절**이 동반합니다. 지속성이든, 정적이든, 동적이든 어떠한 형태의 서술이 가능합니다. 동시에 일어나는 두 가지 사건(상황)을 연결해주는 역할을 합니다.

▶ *Me lastimé durante el viaje.* 나 여행도중 다쳤어.
　* 여행 중(시점, 시기)+다쳤다(사건)

▶ *Me lastimé mientras viajaba.* 나 여행하는 동안(도중에) 다쳤어.
　* 여행하고 있었다(사건)+다쳤다는(사건)

▶ *Corea fue colonizada por los japoneses durante 36 años.*
　대한민국은 36년 동안 일본에게 식민지화되었다.
　* 36년(시점, 시기)+식민지화되다(사건)

▶ *Rosa entró en la cocina mientras su madre cocinaba.*
　로사는 그녀의 어머니가 요리하는 동안 부엌에 들어갔다.
　* 요리하다(사건)+부엌에 들어가다(사건)

Vocabularios

durante ~ 동안(도중)　　　　　　　　　　*el* **tiempo** 시간, 기간

El espejo mágico ya sabía todo

17. 거울은 다 알고 있었다

Pero un día el espejo le respondió:

"La más linda es Blanca Nieves."

La madrastra pegó un salto y gritó furiosas:

"¡No puede ser, Blanca Nieves está muerta!"

Sin embargo, el espejo le contestó:

"No, no está muerta.

Ella vive en el bosque con los siete enanitos."

　　　　　　un día
그런데 어느 날 거울이 대답하기를, "백설이 가장 예쁩니다." 그러자 계모가 말했습니다.

"말도 안 돼! 백설은 죽었어!" 이에 거울이 답했습니다. "아니요, 그녀는 죽지 않았습니다.

그녀는 숲에서 일곱 난쟁이와 함께 살고 있습니다."

Vocabularios

el **espejo** 거울
muert@ 죽은, 사망한

respondió 동사 respnder(대답하다, 답하다)의 단순과거 3인칭 단수
contestó 동사 contestar(대답하다, 답하다)의 단순과거 3인칭 단수

La madrastra se disfraza de una vieja bruja

18. '사과마녀'로 변신한 계모

Al siguiente día la malvada madrastra se disfrazó de una viejecita muy humilde, tierna y buena.

Llevó consigo un cesto de jugosas manzanas y tomó un taxi para ir al bosque.

Buscó la casa de los siete enanitos y cuando al fin la encontró, llamó a la puerta.

"¿Quién es?" Preguntó Blanca Nieves.
"Solo soy una viejecita y vengo a ofrecerle unas ricas y frescas manzanas."

    al siguiente día
다음 날 계모는 겸손하고 부드럽고 착한 노파로 변장하고 탐스럽게 생긴 사과 한 바구니를
            para ir al bosque   tomó un taxi   cuando al fin
가지고 숲으로 가기 위해 택시를 탔습니다. 그녀는 일곱 난쟁이의 집을 찾다가 발견하자
                llamó a la puerta
문을 두드렸습니다. "누구세요? 백설이 물었습니다." "난 그냥 한 노파인데 당신을 위해

맛있고 신선한 사과를 조금 가져왔어요."

Vocabularios

se disfrazó 동사 disfrazarse(변장(가장)하다)의 단순과거 3인칭 단수
soberbi@ 거만한, 교만한, 오만한
dur@ 단단한, 굳은, 질긴, 강인한
consigo (그, 그녀)자기 자신과 함께 - 주어가 3인칭일 때
jugos@ 즙이 많은
llamar a la puerta 문으로 불러내다, 문에서 부르다, 문을 두드리다.

humilde 겸손한, 비천한
tiern@ 부드러운, 연한
el **jugo** 주스
la **canasta** 바구니
el **cesto** 바구니, 광주리
un@s 약간의, 몇 개(명)의

El desvanecimiento de Blanca Nieves

19. 쓰러진 백설공주

Blanca Nieves abrió la puerta y no pudo resistirse a las manzanas que brillaban como las estrellas del cielo.

Al tomar la manzana más jugosa y morderla cayó muerta al suelo.

La malvada madrastra se marchó riéndose y feliz porque ahora sí ella sería la más linda de todas las chicas.

　　　　　　　abrió la puerta
백설은 문을 열었고 하늘의 별처럼 빛나는 사과를 보니 참을 수가 없었습니다. 제일 맛있어 보
　　　　　　　　al tomar　　　al suelo
이는 사과 한 개를 잡아 베어먹자 백설은 바닥에 쓰러져 죽었습니다. 그리고 사악한 계모는 행

복감에 젖어 웃으면서 그 자리를 떠났습니다. 이제는 그녀가 가장 예쁠 것이기 때문이죠.

resistirse a 저항하다, 거절하다

▶ *¿Por qué los niños se resisten a ir al jardín?* 왜 아이들은 정원에 가는 것을 꺼려할까요?

Vocabularios

resistirse 저항하다, 참다
la **paciencia** 인내
brillaban 동사 brillar (빛나다, 빛을 발하다)의 불완료과거 3인칭 복수
la **estrella** 별
coger 잡다, 쥐다
cayó 동사 caer (쓰러지다, 떨어지다, 넘어지다)의 단순과거 3인칭 단수
se marchó 동사 marcharse (떠나다)의 단순과거 3인칭 단수

la **resistencia** 저항
el **brillo** 광채
el **cielo** 하늘
morder 깨물다, 베어먹다
el **suelo** 지면, 땅바닥

Blanca Nieves dormida en una caja de cristal

20. 유리상자 안에 잠든 백설공주

Cuando los enanitos llegaron, encontraron en el suelo a Blanca Nieves y todos muy tristes y desconsolados, se pusieron a llorar.

No querían perderla y decidieron no enterrarla. A cambio de eso hicieron una preciosa caja de cristal y en ella metieron a Blanca Nieves. Después llevaron la caja a una montaña cerca de allí.

Ellos pensaron que, aunque estuviera muerta, aun así, podrían visitarla y recordar los momentos que habían pasado junto a ella.

난쟁이들은 도착하자 바닥에 쓰러져 있는 백설을 발견하고 슬픔과 비통에 잠겨서
<u>통곡하기 시작했습니다</u>. 그들은 그녀를 잃고 싶지 않았기에 그녀를 땅에 묻지 않기로 결정하였죠.
     se pusieron a llorar

     a cambio de eso
<u>그 대신</u> 멋진 유리로 된 상자를 만들어 그 곳에 백설을 넣은 후 유리상자를 가까운 산으로 가

지고 갔습니다. 그러면 그녀는 죽었어도 계속 그녀를 찾아가서 함께 했던 순간들을 떠올릴 수

있을 것이라 생각한 것이죠.

ponerse a+동사원형 ~하기 시작하다

'~하기 시작하다'는 [comenzar(empezar) a+동사원형]으로 대체하여 써도 됩니다.

- ▶ *Ponerse a reír* 웃기 시작하다
- ▶ *Ponerse a cantar* 노래하기 시작하다
- ▶ *Ponerse a comer* 먹기 시작하다

> **a cambio de**　~대신에

▶ *Una chica me dio una naranja a cambio de un trozo de chocolate.*
한 여자아이가 초콜릿 한 조각 대신 오렌지 한 개를 나에게 주었다.

> **junto a**　~옆에, ~가까이에

▶ *Ella sentó junto a mí.* 그녀가 내 옆에 앉았다.

Vocabularios

triste 슬픔에 잠긴, 슬픈
alegre 기쁨에 찬, 기쁜
enterrar 묻다, 매장하다
metieron 동사 meter(안에 넣다)의 단순과거 3인칭 복수
el **momento** 순간
el **suelo** 땅바닥, 지면
decidir 결정하다, 정하다

desconsolad@ 슬픈, 침통한, 비통한
content@ 만족한, 즐거운, 기쁜
el **entierro** 매장, 장례
aunque ~이지만, ~일지라도
precios@ 멋진, 소중한
recordar 기억하다, 생각해 내다

Blanca Nieves despierta del hechizo

21. 마법에서 깬 백설

Cierto día cuando los enanitos estaban acercándose a la montaña, vieron que junto a la caja de cristal había un joven muy apuesto y con mucho estilo. Era el famoso príncipe José.

Este había destapado la caja y contemplaba hechizado, la belleza de la hermosa chica. Sin pensarlo más, se inclinó y le dio un beso.

　　　　　　　cierto día　　　　　　　　　　　junto a
어느 날 난쟁이들이 산 근처에 있을 때 유리상자와 함께 수려하게 생긴 왕자가 있는 것을

봤습니다. 그는 바로 그 유명한 호세 왕자였습니다. 왕자는 유리상자를 열어놓고 소녀의 아름

　　　　　　　　　　　　sin pensarlo más　　le dio un beso
다움을 넋 놓고 주시하다가 자신도 모르게 몸을 숙여 그녀에게 입을 맞췄습니다.

> **apuesto**　(외모가) 준수한

형용사로써의 apuest@는 '준수한, 수려한' 등의 외모에 대한 뜻을 지니지만 여성명사 (la) apuesta는 '(게임에서의) 내기' 라는 뜻이 됩니다.

> **반의어 (antónimos)**

el/la **enan@** 난쟁이 ↔ *el* **gigante** 거인

acercarse 가까워지다 ↔ **alejarse** 멀어지다

el **príncipe** 왕자 ↔ *la* **princesa** 공주

destapar (뚜껑을) 열다 ↔ **tapar** (뚜껑을) 닫다/덮다

la **joven** 젊은 여자 ↔ *la* **vieja** 늙은 여자

dar 주다 ↔ **recibir** 받다

abrir 열다 ↔ **cerrar** 닫다

la **conciencia** 의식 ↔ *la* **inconsciencia** 무의식

despertarse 잠에서 깨다 ↔ **dormirse** 잠들다

"Blanca Nieves ha revivido"
22. "백설이 살아났다"

Al instante Blanca Nieves abrió los ojos y recuperó la conciencia

y despertó del hechizo.

Cuando los enanitos se dieron cuenta de todo lo que estaba sucediendo

se pusieron a brincar llenos de felicidad.

　　　　　　　al instante　　abrió los ojos　　　　　despertó del hechizo
그러자 백설은 눈을 떴고 의식을 되찾으며 마법에서 깨어났습니다. 난쟁이들은 벌어진 이 모든
　　　　　　　　　se dieron cuenta de　　　　　　se pusieron a brincar
상황을 실감하게 되자 행복에 차 껑충껑충 뛰기 시작했습니다.

> **lleno de**　~으로 가득찬

lleno는 주어의 수와 성에 따라 llen@ 또는 llen@s를 씁니다. 본문에서는 주어가 nanitos(난쟁이들)로 남성 복수이기 때문에 llenos라 표현하였습니다.

Vocabularios

sucediendo 동사 suceder (발생하다, 일어나다, 뒤를 잇다)의 현재 분사
brincar 껑충껑충 뛰다, 도약하다

Propuesta del príncipe enamorado

23. 사랑에 빠진 왕자의 청혼

El príncipe les dijo a los enanitos que se había enamorado completamente de Blanca Nieves y que la llevaría lo más pronto posible a su palacio para casarse con ella.

También ha ofrecido a los enanitos para que vivieran juntos con ellos.

lo más pronto posible
왕자는 백설에게 완전히 반했고 자신의 궁으로 돌아가는 즉시 그녀와 결혼하겠다고 난쟁이들에게 말했습니다. 또한 난쟁이들에게도 자신들과 함께 살 것을 제안하였습니다.

enamorarse de ~에게 반하다, (사랑에)빠지다

▶ *Me enamoré de ella a primera vista.* 난 그녀에게 첫눈에 반해버렸어.

tan pronto como+접속법 (미래 시점에서) ~하자마자

▶ *Levántate tan pronto como puedas.* 최대한 빨리 일어나!

La boda feliz

24. 행복한 결혼

Los enanitos aceptaron gustosamente la oferta y dentro de poco tiempo el príncipe y Blanca Nieves se casaron con amor verdadero.

Al paso de los meses, tuvieron una linda, preciosa bebita que se parecía mucho a sus padres. Y con los siete enanitos vivieron muy felices en el palacio.

난쟁이들은 제안을 흔쾌히 받아들였고 얼마 후 왕자와 백설은 찐사랑으로 결혼했습니다.

수개월이 지나 왕자와 백설공주를 닮은 예쁘고 소중한 딸을 갖게 되었습니다. 그리고 일곱 난쟁이들과 궁에서 아주 행복하게 살았습니다.

al paso de ~을 따라

▶ *Al paso de los años* 몇 년이 흘러
▶ *Al paso de la vida* 인생을 지나며
▶ *Al paso de la historia* 역사의 흐름

Vocabularios

la **oferta** 제안, 제의, 신청
vivieron 동사 vivir (살다, 거주하다)의 단순과거 3인칭 복수
precios@ 소중한, 귀한
se parecía 동사 parecerse (닮다)의 불완료 과거 3인칭 단수
aceptaron 동사 aceptar (받다, 수락하다, 응하다)의 단순과거 3인칭 복수
gustosamente 기꺼이
bebit@ 아기, 아이 → bebé의 축소사

Blanca Nieves 백설공주

Silvia

원어민 (남)

원어민 (여)

Había una vez una niña que era muy hermosa, su piel era blanca como la nieve y tenía las mejillas rosadas. Por eso cuando ella nació sus padres le pusieron por nombre Blanca Nieves.

Tiempo después su madre falleció y su padre se casó de nuevo con una mala mujer. Ella era tan cruel y despiadada con Blanca Nieves y siempre le decía que era una niña muy fea. Esta mujer tenía un espejo mágico, al que todos los días le preguntaba: "Espejito, espejito. ¿Quién es la más linda?" Y el espejo respondía: "Tú mi ama, tú eres la más linda."

Los años transcurrían sin ninguna novedad. Pero un día cuando la madrastra le preguntó al espejo quién es la más guapa, este contestó: "Lo siento mi ama, tú eres la más linda; pero hoy la más hermosa es Blanca Nieves." Cuando la madrastra escuchó eso, se puso furiosa y de inmediato y en secreto mandó (a) buscar a un cazador, al cual le dio la siguiente orden: "Mañana llevarás al bosque a Blanca Nieves con el pretexto de dar un paseo y cuando estén allá y cuando llegue la

noche, tú la matarás. Como prueba de que ha muerta quiero que en una caja me traigas su corazón."

A la mañana siguiente el cazador llegó muy temprano en busca de Blanca Nieves y juntos se internaron en el bosque. Mientras iban juntos caminando, él contempló a la hermosa jovencita y pensó que era injusto y cruel matarla. Así que de inmediato pensó en un plan para salvarla.

Lo primero que hizo fue hablarle a Blanca Nieves sobre las intenciones de su madrastra. La miró y le dijo: "No te preocupes niña, que yo no pienso matarte." Iría en busca de un jabalí para matarlo y ese sería el corazón que llevaría como prueba de su muerte.

Como última recomendación le dijo que se internara en el bosque y que nunca más volviera a la ciudad y mucho menos visitara la casa de su padre. Blanca Nieves continuó su camino y el cazador fue en busca del jabalí, después de matarlo le sacó

Blanca Nieves 백설공주

el corazón y lo guardó en una caja.

En su camino Blanca Nieves encontró una casita muy pequeñita y cuando entró se dio cuenta que allí debían vivir siete personitas muy chiquititas. Porque había una mesita, siete camitas, siete sillitas, siete platitos, siete cucharitas y siete roperitos. Como tenía mucha hambre se comió todo lo que había en los siete platitos y juntó las siete camitas y se echó a dormir.

Esta casita era de los siete enanitos. Cuando ellos llegaron a su casita la encontraron profundamente dormida y al verla exclamaron: "¡Qué hermosa es!"

Conversaron entre sí y llegaron a la conclusión de que le pedirían que se quedara a vivir con ellos para siempre.

Cuando Blanca Nieves se despertó de su profundo sueño, los enanitos le pidieron que se quedara a vivir con ellos. Ella gustosamente aceptó y también les contó

acerca de su malvada madrastra que quería matarla.

Los enanitos le dijeron que todos los días ellos saldrían a trabajar y ella podía ayudarlos con la limpieza de la casa, también le dijeron: "Debes tener cuidado, el bosque es un poco peligroso. Nunca converses con extraños y no le abras la puerta a nadie."

Mientras tanto a la distancia, la madrastra de Blanca Nieves estaba muy feliz porque por fin había logrado su cometido: Hacer desaparecer a Blanca Nieves.

Durante un buen tiempo a la pregunta de ella: "¿Quién es la más linda?" El espejo siempre le respondía: "Tú mi ama, tú eres la más linda."

Pero un día el espejo le respondió: "La más linda es Blanca Nieves." La madrastra pegó un salto y gritó furiosas: "¡No puede ser, Blanca Nieves está muerta!" Sin embargo, el espejo le contestó: "No, no está muerta. Ella vive en el bosque con los

Blanca Nieves 백설공주

siete enanitos."

Al siguiente día la malvada madrastra se disfrazó de una viejecita muy humilde, tierna y buena. Llevó consigo un cesto de jugosas manzanas y tomó un taxi para ir al bosque. Buscó la casa de los siete enanitos y cuando al fin la encontró, llamó a la puerta. "¿Quién es?" Preguntó Blanca Nieves. "Solo soy una viejecita y vengo a ofrecerle unas ricas y frescas manzanas."

Blanca Nieves abrió la puerta y no pudo resistirse a las manzanas que brillaban como las estrellas del cielo. Al tomar la manzana más jugosa y morderla cayó muerta al suelo. La malvada madrastra se marchó riéndose y feliz porque ahora sí ella sería la más linda de todas las chicas.

Cuando los enanitos llegaron, encontraron en el suelo a Blanca Nieves y todos muy tristes y desconsolados, se pusieron a llorar. No querían perderla y decidieron no enterrarla. A cambio de eso hicieron una preciosa caja de cristal

y en ella metieron a Blanca Nieves. Después llevaron la caja a una montaña cerca de allí. Ellos pensaron que, aunque estuviera muerta, aun así, podrían visitarla y recordar los momentos que habían pasado junto a ella.

Cierto día cuando los enanitos estaban acercándose a la montaña, vieron que junto a la caja de cristal había un joven muy apuesto y con mucho estilo. Era el famoso príncipe José. Este había destapado la caja y contemplaba hechizado, la belleza de la hermosa chica. Sin pensarlo más, se inclinó y le dio un beso.
Al instante Blanca Nieves abrió los ojos y recuperó la conciencia y despertó del hechizo. Cuando los enanitos se dieron cuenta de todo lo que estaba sucediendo se pusieron a brincar llenos de felicidad.

El príncipe les dijo a los enanitos que se había enamorado completamente de Blanca Nieves y que la llevaría lo más pronto posible a su palacio para casarse con ella. También (ha ofrecido) a los enanitos para que vivieran juntos con ellos.

Blanca Nieves 백설공주

Los enanitos aceptaron gustosamente la oferta y dentro de poco tiempo el príncipe y Blanca Nieves se casaron con amor verdadero.

Al paso de los meses, tuvieron una linda, preciosa bebita que se parecía mucho a sus padres. Y con los siete enanitos vivieron muy felices en el palacio.

La Bella durmiente 잠자는 숲속의 공주

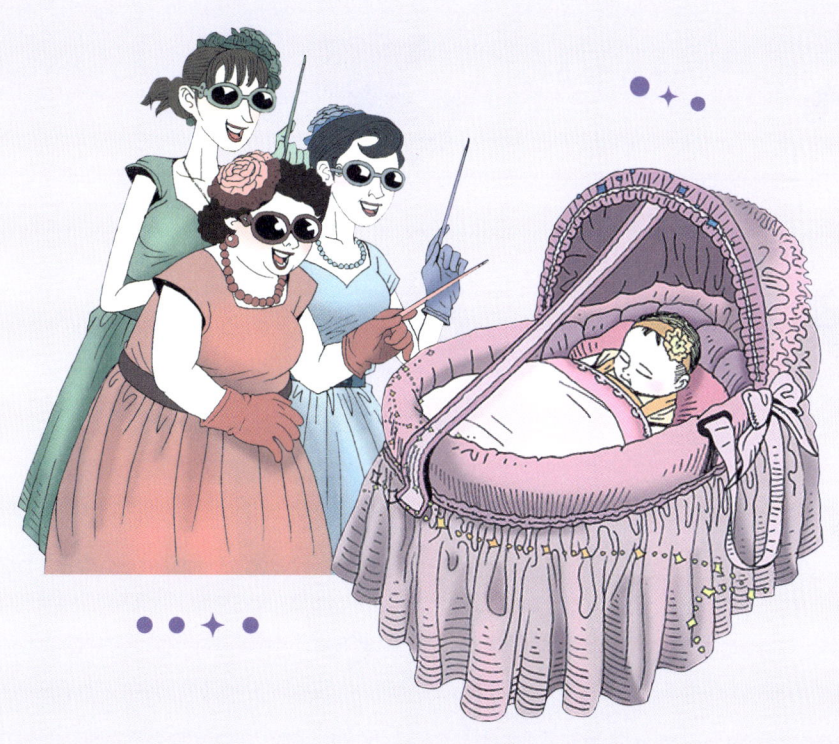

Vocabulario de uso cotidiano y nuevo 일상용어·최신어휘

el/la gineológ@
산부인과 의사

llorar sentado en una silla
의자에 앉아서 울다

lamentar, entristecerse
슬퍼하다

el móvil
모빌

el pañuelo de bebé
아기손수건

el cochecito para bebe
유모차

la tetera eléctrica
전기포트

el biberón
젖병

el chupón
공갈젖꼭지

los juguetes para bebés, el juguete de bebé
아기장난감

el pañal de bebé
아기기저귀

los globos
풍선

 **la maceta, el florero**
꽃 화분

 **el buffet**
뷔페

 **el/la cociner@, el/la chef**
요리사

 **la cama de bebé**
아기침대

 **la chincheta, la tachuela**
납작못(압정)

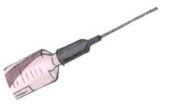 **la jeringa**
주사기

 **el punzón**
송곳

 **las tijeras**
가위

 **el clavo**
못

 **la pinza**
핀셋

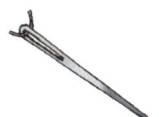 **la aguja**
바늘

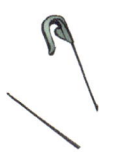 **el imperdible**
옷핀

Vocabulario de uso cotidiano y nuevo 일상용어·최신어휘

pasear junto con el perro
애완견과 함께 산책하다

el tronero, el cúmulo
뭉게구름

la cafetera
커피머신

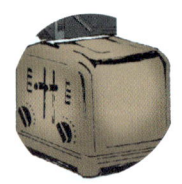
el tostador
토스트기

la comida en el plato
접시에 담긴 음식

el miniventilador, el ventilador de mano
손선풍기

el parlante inalámbrico
무선스피커

la inspección en el aeropuerto
공항검색대

los tacones de mujer
여성구두
el perfume
향수

la caída de las hojas de otoño
(가을)낙엽이 지다

el altavoz
확성기

saltar alto
점프하다

 **tomar una foto con la cámara**
카메라를 들고 사진을 찍다

 **recorrer el camino montañoso con un Jeep**
지프차로 산길을 달리다

 **la lámpara de la mesilla**
침실스탠드

 **la cartera**
핸드백

 **acampar**
캠핑하다
el carro de campamento
캠핑카

 **el telescopio**
망원경

 **jugar con una cometa**
연날리기

 **el ciclismo**
자전거타기

 **tocar la guitarra**
기타를 치다

Los personajes de Bella durmiente 등장인물

el príncipe del país vecino (Arturo) 이웃나라 왕자(아르뚜로)
un hombre de verdaderos sentimientos
진정한 사랑꾼

la princesa(Aurora) 공주(아우로라)
siempre con un carácter brillante
그저 해맑은 캐릭터

la madrina malvada 사악한 요정
lo que mejor que se puede hacer es maldecir
제일 잘하는 것은 저주 내리기

las hadas buenas 착한 요정들
lo que mejor que se puede hacer es bendecir
제일 잘하는 것은 축복하기

el rey y la reina 왕과 왕비
odia los objetos puntiagudos
가장 싫어하는 것은 뾰족한 물건

¿Qué bonitos regalos llegarán al reino?

1. 왕국에 배달될 예쁜 선물은?

Érase una vez un rey y una reina que ansiaban con todo su corazón

tener a una hermosa hijita. El tiempo había pasado

y no había señales de que la reina estuviera embarazada.

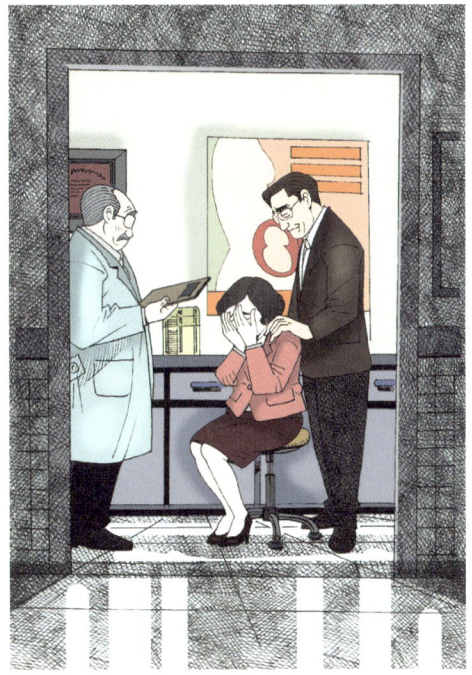

Ella empezaba a sentirse muy triste y decepcionada de la vida.

Hasta que un día ella se encontró con un hada y esta le dijo:

"No estés más triste, pronto llegará a ti un hermoso regalo."

<u>érase una vez</u>   <u>con todo su corazón</u>
옛날 옛적에 진심으로 예쁜 딸을 간절히 갖기 원하던 왕과 왕비가 있었습니다. 시간이 지났지만 왕비가 임신했다는 신호는 없었죠. 그러자 왕비는 매우 슬퍼했고 절망하기 시작했습니다. 그러던 어느 날, 왕비는 한 요정과 만났고 요정은 그녀에게 말했습니다. "더 이상 슬퍼하지 마세요. 조만간 당신에게 예쁜 선물이 도착할 겁니다."

접속법 (subjuntivo)

본문의 **no había señales de que la reina estuviera embarazada** 문장에서,

no había señales 신호가 없었다 → 현실/주어절/불완료 과거 무인칭 단수 (불특정 유무의 존재)
+de que 무엇에 대한?
+la reina estuviera embarazada 왕비가 임신했다는 것 → 비현실/종속절/불완료 과거 3인칭 단수
* 접속법은 주어절과 종속절의 주어 대상이 다릅니다.

hasta que ~할 때까지

본문에서 Ella empezaba... 구절과 Hasta que... 구절이 나뉘지 않는다는 가정하에 두 구절을 연관하여 보면, '왕비는 요정과 만나는 날까지 매우 슬퍼하며 삶에 환멸을 느끼기 시작했다' 라는 맥락으로 해석하면 됩니다.

> **el hada** 요정

el hada

el had**a** madrin**a**

las had**as** madrin**as**

el had**a** madrin**a** malvad**a**

hada[아다]: 발음상의 이유로 여성명사이지만 정관사 el을 사용합니다. 단수일 때만 el을 사용하며 복수는 여성형 명사 그대로 las hadas로 씁니다. 형용사로 명사를 꾸밀 때도 여성형에 일치시켜 hada malvada로 나타냅니다.

Vocabularios

ansiaban 동사 ansiar(간절히 바라다, 열망하다)의 불완료과거 3인칭 복수

ansios@ 안달이 난, 불안에 사로잡힌, 바라는

la **señal** 표시, 신호

señalar 표시하다, (손으로) 가리키다, 지적하다

embarazada 임신한

estuviera 동사 estar(~있다)의 접속법 과거 1, 3인칭 단수

decepcionad@ 절망한, 실망한

la **embarazada** 임산부

el **regalo** 선물

la **hada** 요정 → 여성명사이기 때문에 복수는 'las hadas'로 사용

estés 동사 estar(~있다)의 부정 명령형 2인칭 단수 또는 접속법 현재 2인칭 단수

pront@ 조속한, 곧, 빠른

llegará 동사 llegar(도착하다)의 단순미래 3인칭 단수

'Aurora', es un regalo para el reino

2. 왕국에 선물 같은 존재 '아우로라'

Los días pasaron y ella por fin pudo concebir a

una hermosa princesita que llegó a alegrar e iluminar

sus días y por eso le pusieron Aurora.

　　　　　los días pasaron　　por fin
세월이 흘러 왕비는 드디어 예쁜 공주님을 가질 수 있었고 자신의 삶을 기쁘게,

그리고 밝게 비춰줬다는 의미로 오로라(아우로라)라는 이름을 지어 주었습니다.

sus días　삶의 시기나 시점

▶ *Ella pasó sus días de juventud en felicidad.*　그녀는 행복한 젊은 시절을 보냈다.
▶ *Sus días ya están contados.*　그의 죽을 날이 가깝다.

Vocabularios

pasaron 동사 pasar(지나가다, 통과하다)의 단순과거 3인칭 복수
el **fin** 마지막, 끝, 종료
pudo 동사 poder(~할 수 있다)의 단순과거 3인칭 단수
concebir (생각, 계획을)품다, 아이를 가지다, 임신하다
embarazar 임신을 시키다
abortar 유산하다, 낙태하다, 중단하다
entristecer 슬프게 하다

por fin 마침내, 결국
embarazarse 임신하다
encinta 임신 중의, 임신한
alegrar 기쁘게 하다, 즐겁게 하다
iluminar 빛내다, 비추다, 밝게 하다
embarazada 임신한

El reino está de fiesta

3. 축제가 열린 왕국

Todos en el reino estaban felices por la noticia y de todas partes empezaron a llegar regalos para la recién nacida. El rey hizo un banquete especial en su honor y llegaron miles de invitados de todas partes.

Después del baile de bienvenida el rey hizo venir a sus hadas madrinas para que estas le concedieran virtudes especiales a su pequeña hijita.

　　　　　por la noticia　　　　　　　　de todas partes
이 소식에 온 나라가 행복에 젖었고 각 도처에서 갓 태어난 아기를 위한 선물들이 도착하기
　　　　todos en el reino　　　　　hizo un banquete
시작했습니다. 그러자 왕은 공주를 위해 특별 연회를 열었고 각지 각처에서 초대된 수많은

손님들이 도착했죠. 환영 무도회가 끝난 후 왕은 요정들을 오게 해 자신의 딸에게

특별한 능력들을 부여하게 했습니다.

(la/el) recién nacid@　갓 태어난 아이

nacid@가 형용사일 경우 '태어난 또는 타고난' 이란 뜻이 됩니다.
　남 el recién nacido
　여 la recién nacida

miles de　수천의~

본문의 miles de invitados를 직역을 하면 '수천의 초대자'의 의미를 가지고 있지만 '수많은 초대 손님들'이라고 의역하는 것이 더 자연스럽습니다.
decenas de~ 수십의 / **centenares de~** 수백의 / **millones de~** 수백만의

Vocabularios

***el* reino** 왕국

feliz 행복한, 즐거운, 기쁜

tod@ 모든

recién=recientemente 최근, 갓, 지금 막

***la* fiesta** 축제, 연회, 파티, 휴일

***la* bienvenida** 환영

conceder 인정하다, 주다, 허용하다

***el* defecto** 결함, 단점

***la* monarquía** 군주국, 왕정

***la* noticia** 소식, 뉴스, 통보

***la* parte** 부분, 일부, 요소

***el* banquete** 연회

***el* baile** 춤, 무도회

***la* despedida** 작별, 이별, 환송

***la* virtud** 덕, 선행, 장점, 능력, 효력

El mejor regalo para la princesa

4. 공주를 위한 최고의 선물

Una de ellas la dotó de inigualable belleza,

la otra le dio una dulce voz para que cantara como los ángeles,

la siguiente de ellas le regaló la amabilidad y sociabilidad

para con las demás personas.

La mayoría de las hadas madrinas habían pasado,

obsequiándole lo mejor que tenían y solo faltaba

una de ellas.

　　　　　　　una de ellas　　　　　　　　　　　　　　　　　　　la otra
한 요정은 공주에게 누구와도 비교될 수 없는 아름다움을 부여했고 다른 요정은 천사들처럼
　　　　　　　　　　　　　　　la siguiente de ellas
노래할 수 있도록 감미로운 목소리를 줬으며 그 다음 요정은 타인에 대한 친절함과 사교성을
　　　　　　　　la mayoría　　　lo major
선물하였습니다. 이렇게 대부분의 요정들이 가장 좋은 것으로 선물을 해주며 순서가 지나갔고

단 한 요정만이 남았지요.

| **un@ de** 　명사 또는 대명사 복수 (명사 또는 대명사들) 중 하나

uno, una는 뒤에 오는 명사 또는 대명사의 성과 일치하여 사용합니다

| **dotar+de/con**　~을 부여하다, 주다

▶ *Dios lo dotó de(con) una gran paciencia.* 　신은 그에게 큰 인내를 주셨다.

▶ *El jefe dotó una máquina de los últimos adelantados.*
　　사장님은 최신 기술이 적용된 기계를 제공해주셨다.

접속법(subjuntivo)

La otra le dio una dulce voz 다른 요정은 그녀에게 감미로운 목소리를 주다

→ 현실/주어절/단순 **과거** 3인칭 단수

   + para que ~하도록

   + cantara como los ángeles 그녀가 천사처럼 노래할 수 있게

      → 비현실/종속절/불완료 **과거** 3인칭 단수

para con ~에 대한

▶ *Ella es generosa para con los niños de la clase.* 그녀는 반 아이들에게 너그럽다.

Vocabularios

inigualable 비교할 수 없는
la **belleza** 아름다움, 미, 미녀
la **voz** 목소리
cantara 동사 cantar(노래하다)의 접속법 과거 1, 3인칭 단수
la **canción** 노래
el **diablo** 악마
otorgar 부여(수여)하다, 허락(허용)하다
faltaba 동사 faltar(부족하다, 아직 남아있다)의 불완료과거 1, 3인칭 단수

desigual 다른, 불규칙한
dulce 달콤한, 단
el **ángel** 천사
el **demonio** 악마
obsequiar=regalar 선물하다, 증정하다
la **mayoría** 대부분, 대다수
demás 다른, 나머지의, 그 밖의

La causa de la maldición hacia la princesa

5. 공주가 저주에 걸린 이유

Justo en ese momento se escuchó un fuerte viento y el hada más temida del reino apareció.

Le dijo al rey en tono brusco y grosero:

¿Esta es la forma de mostrarme tu gratitud y aprecio por mí? Uhmmm ya verás lo que sucederá. Cuando tu hija cumpla 18 años se pinchará el dedo con una espina y morirá para siempre.

　　　　　　　justo en ese momento
바로 그 순간, 강한 바람소리가 들리며 왕국에서 가장 두려워하는 요정이 나타났습니다.

　　　　　　　　　　　　　　　　　　　　　　　　　　por mí
이 요정은 왕에게 사납고 무례한(거친) 어조로 말했습니다. "이것이 네가 나에 대한 감사와 존경을 보여주는 방식인가? 음, 앞으로 일어날 일을 지켜보아라. 네 딸이 18세가 될 때 손가락이
　　　　　　para siempre
가시에 찔려 영원히 죽게 될 것이다."

> **justo** [부사]정확히, 막 [형용사]정확한, 정당한, 공평한

- ▶ *Justo ahora* 지금 막
- ▶ *En el lugar just@* 정확한 곳(위치)에
- ▶ *El hombre just@* 정의로운 사람

> **언어적 행위동사+en tono+형용사**　~한 어조(말투)로 ~하다

유사한 의미로 en voz(소리로)가 있습니다
- ▶ *Ella me dijo en tono suave.* 그녀는 내게 부드러운 어조로 말했다.
- ▶ *Juan cantaba en tono bajo.* 후안은 낮은 소리로 노래하고 있었다.

| **la forma**　형태, 방법

대표적으로 '형태, 모양' 이라는 뜻과 '방법, 방식' 이 있으며, 문맥을 통한 해석이 필요합니다. 다만 [forma de+명사], [forma de+동사]는 많은 경우 '방법, 방식'의 의미로, [forma de+관사+명사]는 '형태, 모양'의 의미로 사용됩니다.

▶ *Forma de la(una) estrella*　별 모양
▶ *Forma de uso/pago*　사용법, 지불 방법
▶ *Forma de pensar*　생각(사고) 방식

| **전치사 para와 por**

영어의 'for'처럼 사용하는 para와 por는 의미가 비슷하여 사용시 구별하기가 쉽지 않지만 다음과 같이 구별하여 사용 할 수 있습니다.

para | 큰 의미로 finalidad 또는 propósito 즉, 목적과 의도를 나타내기 위한 전치사입니다.

1. 목적, 의도 (finalidad, propósito): ~을 위해

    ▶ *Esteban estudia para ser un ingeniero.*　에스떼반은 기술자가 되기 위해 공부한다.
    ▶ *Nosotros trabajamos para ganar dinero.*　우리는 돈을 벌기 위해 일한다.

2. 방향, 목적지 (dirección): ~로, ~에

    ▶ *María va para el centro de la ciudad.*　마리아는 중심가로 갔다(향했다).
    ▶ *Mis padres van a ir para Europa el año que viene.*　내 부모님은 내년에 유럽에 갈 것이다.

3. 향방 (destinación): (누구) 에게, (누구)를 위해

    ▶ *Este platillo es para mí.*　이 요리는 나를 위한 것이야.
    ▶ *Quiero regalar algo para Roberto.*　난 로베르또에게 뭔가 선물하고 싶어.

4. 대비, 비교 (comparación): ~임에도, ~에 비해서

▶ *Para ser un coreano, habla bien el español.* 한국인임에도 스페인어를 잘 한다.

▶ *Este auto está en buena condición para ser antiguo.*
이 차는 옛날 것임에도(것임에 비해) 상태가 좋다.

5. 기한 (límite temporal): (시간)까지

▶ *Tengo que terminar la tarea para las cinco.* 난 5시까지 숙제를 끝내야 해.

▶ *José nececita el coche para este miércoles.* 호세는 이번 주 수요일까지 차가 필요하다.

6. 상태 (condición): (무엇을)하기 위한, 할 정도로

▶ *Estoy listo para salir esta noche.* 난 오늘 밤 나가기 위한 준비가 됐어.

▶ *Tenemos mucha hambre para comer cualquier cosa.*
우리는 아무거나 먹을 정도로 배가 많이 고프다.

---

por | 큰 의미로 causa, 즉 '원인, 이유'에 사용합니다.

1. 원인, 이유 (causa): ~ 때문에

▶ *No pudimos viajar en auto por la nieve.* 우리는 눈 때문에 차로 여행하지 못했다.

▶ *Por falta de pago, se ha cortado la electricidad.* 돈을 내지 않아서 전기가 끊겼다.

2. 어느 장소, 목적 방향 (dónde): (어디)를, (어디)로

▶ *Mis padres viajarán por toda España.* 내 부모님은 스페인 전 지역을(으로) 여행할 것이다.

▶ *Carlos y Carla andaban por la calle cuando comenzó a llover.*
까를로스와 까를라는 비가 내리기 시작했을 때 거리를(로) 다니고 있었다.

3. 진로 (a través): ~을 통해, (어디)로/를

▶ *Nosotros pasamos por San Pablo para llegar a Buenos Aires.*
우리는 부에노스아이레스에 도착하기 위해 상파울루를 경유했다.

▶ *La rata se escapó por un agujero que había en la cocina.*
쥐는 주방에 있던 구멍을 통해 도망갔다.

4. 위치(정확한 위치가 아닌 대략적 지점이나 주변) (ubicación): (어디)에는

▶ *Por la plaza hay muchos hoteles.* 플라자 주변에는 호텔이 많이 있다.

▶ *Por la zona de Myoung-dong hay muchas tiendas para turistas.*
명동(지역)에는 관광객을 위한 가게가 많이 있다.

5. 기간 (período): ~동안, ~간

▶ *Mis padres quedarán en España por un mes.*
내 부모님은 스페인에 한 달간 머무를 예정이다.

▶ *Estuve en el Hotel Intercontinental por dos semanas.*
난 인터컨티넨탈 호텔에 2주간(동안) 있었다.

6. 교환, 교체, 대체 (cambio, sustitución): ~(으)로, ~을 대신해

▶ *Hay que pagar mil dólares por un mes de alquiler.* 한 달 임대료로 천 달러를 지불해야 한다.

▶ *Me pidieron diez mil euros por aquel auto usado.*
그들은 저 중고차 가격으로 나에게 만 유로를 요구했다.

▶ *María estaba enferma y Alberto trabajó por ella.*
마리아가 아파서 알베르또가 그녀를 대신해 일을 했다.

7. 치수, 단위 (medida)

▶ *El tomate está a 200 pesetas por el kilo.* 토마토 가격은 1킬로당 200페세타다.

▶ *Más de 90 por ciento de los españoles están a favor de la donación.*
스페인 사람들 90% 이상이 기증에 찬성한다.

▶ *Cecilia gana 500 dólares por mes.* 쎄씰리아는 한 달에 500달러를 번다.

8. 시간, 하루 중 일부 (tiempo, parte del día) : ~ 중에/즈음에

▶ *Mis padres estarán en la casa por la noche.* 내 부모님은 오늘 밤 중에 집에 있을 거야.

▶ *Siempre tomo una taza de té verde por la mañana.* 난 항상 아침에 녹차 한 잔을 마신다.

9. 곱셈 (multiplicación)

▶ *3 × 3 = 9 (Tres por tres son nueve.)* 3 곱하기 3은 9다.

10. 수단, 방법 (modo): ~을 통해, ~(으)로

▶ *Mi regalo de cumpleaños ha llegado por barco.* 내 생일선물은 배로(를 통해) 도착했다.

▶ *A mí no me gusta viajar por avión.* 난 비행기로 여행하는 걸 좋아하지 않아.

11. 행위자에 의한 수동태 (agente): (누구)에 의해

   ▶ *Don Quijote fue escrito por Miguel de Cervantes.*
   돈키호테는 미겔 데 세르반떼스에 의해 쓰였다.

   ▶ *La cena fue preparada por mi mamá.* 저녁은 엄마가 준비했다.

12. 여유 (quedar)

   ▶ *Me quedaré por un rato más.* 난 조금 더 남을 거야.

13. 행위의 직전

   ▶ *Estoy por terminar las tareas.* 난 숙제를 거의 다 했어.

   ▶ *Nosotros estamos por pedir el postre.* 우리는 디저트를 시키려던 참이야.

14. 애정 (inclinación): ~에 대한, ~를 향한

   ▶ *Roberto no tiene mucho cariño por los gatos.*
   로베르또는 고양이에 대한 애정이 별로 없다.

15. 동기 (motivo): ~ 때문에

   ▶ *He comenzado a estudiar español por interés propio.*
   난 개인적 관심 때문에 스페인어를 공부하기 시작했다.

Vocabularios

se escuchó 동사 escucharse(들리다)의 단순과거 3인칭 단수
fuerte 강한, 튼튼한, 힘이 센
temid@ 두려운, 두려워하는
apareció 동사 aparecer(나타나다)의 단순과거 3인칭 단수
verás 동사 ver(보다, 보이다)의 단순미래 2인칭 단수
sucederá 동사 suceder(일어나다, 발생하다, 뒤를 잇다)의 단순미래 3인칭 단수
cumpla 동사 cumplir(이행하다, <나이>~살이 되다)의 접속법 현재 1, 3인칭 단수
se pinchará 동사 pincharse(찔리다)의 단순미래 3인칭 단수

el viento 바람
el temor 두려움, 공포
el miedo 두려움, 무서움, 공포
el tono 어조, 말투

El reino en una gran conmoción

6. 충격에 빠진 왕국

El hada salió inmediatamente del salón y el rey y todas las personas que se encontraban allí palidecieron y se quedaron atónitos y con mucho miedo.

이 후 요정은 곧바로 홀을 떠났고 그 곳에 있던 왕과 모든 사람들은 얼굴이 창백해지고
질겁하며 큰 두려움에 빠졌습니다.
                   con mucho miedo

무서운 상황일 때 나타낼 수 있는 표현

1. palidecer = ponerse pálid@ 얼굴이 창백해지다
   ▶ *Me palidezco/pongo pálid@ si estoy sol@ en la oscuridad.*
   난 어둠에 혼자 있으면 얼굴이 창백해진다.

2. temblar(estar) temblando 떨다, 떨고 있다
   ▶ *Ella temblaba(estaba) temblando por la película del terror.*
   그녀는 공포 영화 때문에 떨고 있었다.

3. horrorizarse(sentir) (el) escalofrío 소름이 끼치다, 오싹하다
   ▶ *Me horroricé al ver un león.*
   ▶ *Sentí escalofrío al ver un león.*
   난 사자를 보고 소름이 끼쳤다(오싹했다).

4. asustarse(sentir) (el) susto 깜짝 놀라다
   ▶ *Me asusté por los gritos de la gente.*
   ▶ *Sentí un susto por los gritos de la gente.*
   난 사람들의 비명소리에 깜짝 놀랐다.

Vocabularios

salió 동사 salir(나가다, 나오다, 떠나다)의 단순과거 3인칭 단수
palidecieron 동사 palidecer(창백해지다)의 단순과거 3인칭 복수
pálid@ 창백한, 핏기가 없는
asustarse 놀라다, 질겁하다

atónit@ 망연자실하는, 질겁하는
espantarse 무서워하다, 질겁하다
valiente 용감한
el/la **miedoso@** 겁쟁이

La forma de romper la maldición

7. 저주를 풀 수 있는 방법

En ese momento el hada que aún faltaba por obsequiarle el último regalo, le dijo al rey:

"No puedo hacer mucho contra esta maldición porque ella es muy poderosa y(muy) fuerte, si tu hija se pincha el dedo con una espina, no morirá.

Solo dormirá y el hechizo no se romperá hasta que un apuesto príncipe le dé un beso y la despierte."

　　　　　　en ese momento
그러자 아직 마지막 능력을 선물하지 못한 요정이 왕에게 말했습니다. "그 요정은 강하고 굉장

하기 때문에 이 저주에 대해 제가 할 수 있는 게 많지 않아요. 만약 딸이 가시에 손가락을 찔리

　　　　　　　　　　　　　　　　　　　　　　　　　　le dé un beso
면 죽지 않을 것입니다. 그냥 잠들게 될 것입니다. 그리고 한 수려한 왕자가 그녀에게 키스를 하고

잠을 깨워야만 마법이 풀릴 것입니다."

aun y aún

강세 부호가 없는 aun과 있는 aún은 듣기에는 같아도 의미가 다릅니다.

aun | incluso, hasta, también과 유사한 의미로 '~일지라도, ~라도, ~까지도, 조차도' 라는 뜻을 가지고 있습니다. '항상 공부하는 학생들까지도(조차도, 일지라도) 모두 불합격시켰다.'라는 문장이 있을 때,

▶ *Reprobaron todos, aun los que siempre estudian.*
▶ *Reprobaron todos, incluso los que siempre estudian.*
▶ *Reprobaron todos, hasta los que siempre estudian.*
▶ *Reprobaron todos, también los que siempre estudian.*
　위 4가지 표현 모두 유사한 의미로 사용할 수 있습니다.
　* 단어마다 나름의 용도가 있기 때문에 항상 같은 의미로 쓰이지는 않지만 incluso와는 매우 유사한 용도로 쓰일 수 있습니다.

aún | todavía와 유사한 의미로 '아직' 이라는 뜻을 가지고 있습니다.

'아직(은) 학교에 있고 오후 6시에 나온다.' 라는 문장이 있을 때,

▶ *Aún está en la escuela y sale a las seis de la tarde.*

▶ *Todavía está en la escuela y sale a las seis de la tarde.*

위 2가지 표현 모두 유사한 의미로 사용할 수 있습니다.

hasta que ~할 때까지

hasta que+접속법

▶ *Hasta que un apuesto príncipe le dé un beso* 왕자가 키스를 하게 될 때까지 → 불확실한 상황

hasta que+직설법

▶ *Mis padres no suelen dejarme salir hasta que termino mis deberes.*
부모님은 보통 내가 숙제를 끝낼 때까지 나를 내보내지 않는다. → 사실

Vocabularios

la **maldición** 저주, 험담 ↔ *la* **bendición** 축복
débil 약한, 쇠약한
dormirá 동사 dormir(자다)의 단순미래 3인칭 단수
se romperá 동사 romperse(깨지다, 부러지다)의 단순미래 3인칭 단수
dé 동사 dar(주다)의 접속법 현재 1, 3인칭 단수
despierte 동사 despertar(깨우다, 잠을 깨우다)의 접속법 현재 1, 3인칭 단수

poderos@ 힘있는, 권력 있는, 강력한
acostarse 눕다, 잠자리에 들다

"¡Protejan a la princesa!"

8. "공주를 보호하라"

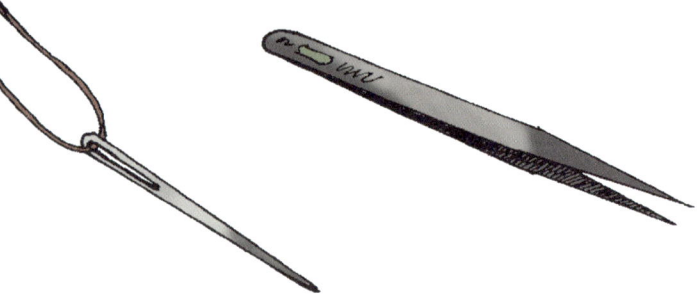

Pasados algunos días después del baile y de que el rey se recuperara de tan grande conmoción mandó a todos en el reino a esconder y de ser posible eliminar todos los objetos cortopunzantes para así tratar de evitar la maldición que había caído sobre ella.

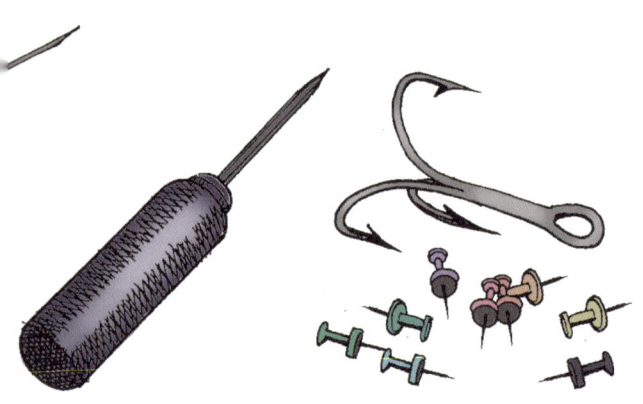

　　　　　　　　　　tan grande conmoción
무도회가 끝나고 왕이 큰 충격에서 벗어난 후 얼마 지나지 않아 왕은 공주에게 내려진
　　　evitar la maldición　　　　　　　　　　　　　　　　de ser posible
저주를 막기 위해 왕국의 모든 사람들을 동원해 그녀를 숨기게 하고 가능한 한 모든 날카롭고

뾰족한 물건들을 없애 버리도록 하였습니다.

punzocortante y cortopunzante

punzar(찌르다)와 cortar(자르다)에서 파생돼 cortante(자르는, 날카로운)+punzante(찌르는, 날카로운)의 합성어로 '날카롭고 뾰족한 물건(objeto)'이라는 의미입니다.

  * punzocortante는 주로 멕시코에서 사용합니다.

Vocabularios

pasad@ 지난, 지나간
se recuperara 동사 recuperarse(회복되다)의 접속법 과거 1, 3인칭 단수
la **conmoción** 충격, 감동
ocultar 감추다, 숨기다
eliminar 제거하다, 없애다
el **alfiler** 핀
el **cuchillo** 칼
el **escarbadientes** 이쑤시개

esconder 숨기다, 감추다
de ser posible 되도록, 가능한 한
la **aguja** 바늘
el **punzón** 송곳
la **lanza=la jabalina** 창
el **tenedor** 포크
la **tijera** 가위

Aurora ya es una hermosa señorita

9. 아름다운 숙녀로 성장한 아우로라

Los días transcurrieron y así pasaron los años sin novedad alguna.

Todo parecía de lo más tranquilo y el rey se sentía tranquilo y alegre porque veía crecer a su hija que ahora ya estaba convertida en una hermosa señorita.

　　　　　　　　sin novedad alguna　　　　　　　　　de lo más
시간이 흐르고 아무런 변화 없이 세월도 흘렀습니다. 모든 게 더더욱 평온한 듯 하자 왕도
　　　　　se sentía tranquilo
안심했고 이제는 한 아름다운 숙녀로 성장한 자신의 딸을 보면서 기뻐했죠.

> **de lo más**　더욱 더

más가 수식하는 형용사를 더욱 더 강조하는 표현입니다.

▶ *Todo parecía más tranquilo.*　모든 게 더 평온한 것 같았다.

▶ *Todo parecía de lo más tranquilo.*　모든 게 더욱 더 평온한 것 같았다.

Vocabularios

transcurrieron 동사 transcurrir(<시간이>흐르다, 지나가다)의 단순과거 3인칭 복수
algun@ 어느, 어떤, 아무런
parecía 동사 parecer(~것 같다, ~듯 보이다)의 불완료과거 1, 3인칭 단수
se sentía 동사 sentirse(느끼다)의 불완료과거 1, 3인칭 단수
veía 동사 ver(보다, 보이다)의 불완료과거 1, 3인칭 단수
convertid@ 변한, 변환한
transformad@ 변한, 바뀐, 변형된

Una oscura sombra sobre el reino

10. 왕궁에 드리워진 어두운 그림자

Por ese tiempo llegó a oídos del rey que en la cocina real había llegado una nueva señora de avanzada edad que se encargaría de los platillos reales porque ella era una excelente cocinera.

El rey estuvo encantado con la noticia porque tenía muy buenas recomendaciones y se veía de un buen carácter.

<u>por ese tiempo</u>   <u>avanzada edad</u>   <u>los platillos reales</u>

그 당시 왕은 왕궁 주방에 고령의 한 여인이 새로 들어와 궁중 요리를 담당할 것이라는 이야기를 들었습니다. 그녀는 아주 훌륭한 요리사였습니다. 왕은 그녀에 대한 좋은 평과 그녀가 좋은 성격의 소유자인 것 같아 보였기 때문에 이 소식에 매우 흡족해 했습니다.

llegar a (los) oídos   (어떠한 이야기가) 귀에 들어가다

▶ *Te prometo que esto no llegará a oídos de nadie.*
이것이 누구의 귀에도 들어가지 않을 것이라고 난 너에게 약속한다.

▶ *Ha llegado a mis oídos que te vas de vacaciones.*
네가 휴가 간다는 게 내 귀에 들어왔다.

Vocabularios

el **oído** 청각, 귀
avanzada edad/edad avanzada 고령의, 나이가 많은
se encargaría 동사 encargarse(담당하다, 맡다)의 조건법(가능법) 1, 3인칭 단수
el **platillo** 작은 접시
pésim@ 최악의, 가장 나쁜
estuvo 동사 estar(~있다)의 단순과거 3인칭 단수
veía 동사 ver(보이다, 보다)의 불완료과거 1, 3인칭 단수
buen=buen@ 좋은 →남성명사 앞에 올 때만 buen을 사용

la **oreja** 귀
excelente 훌륭한, 우수한, 탁월한
el/la **cocinero@** 요리사
encantad@ 매우 만족한, 흡족한, 매혹된
la **recomendación** 추천, 권고
el **carácter** 성격, 인격, 개성, 특징

Identidad de la 'Nueva Cocinera'

11. '새로 온 요리사'의 정체

Un día mientras el rey y la reina no se encontraban dentro del palacio sucedió lo que tanto temían.

La 'nueva cocinera' era en realidad el hada madrina que la maldijo cuando ella era aún una recién nacida.

Mientras sus majestades se encontraban de viaje ella fue al salón real con grandes lienzos de tela y consiguió el permiso de los guardias para entrar con el pretexto de que a la llegada de sus majestades los recibiría con una gran cena y porque quería que la mesa luciera con un hermoso mantel que ella misma estaba bordando.

그러던 어느 날 왕과 왕비가 [dentro del palacio] 궁에 없는 사이 [lo que tanto temían] 그토록 우려하던 일이 발생했습니다. 사실 '새 요리사'는 공주가 갓난아기였을 때 저주를 했던 그 요정이였던 것입니다. 왕과 왕비가 여행으로 자리를 비운 사이 요정은 커다란 [lienzos de tela] 린넨 천을 들고 왕궁 홀로 향했습니다. 그리고 왕과 왕비의 도착에 맞춰 성대한 저녁을 준비해 맞이할 것이며, 자신이 직접 수놓은 아름다운 식탁보로 자리를 빛내고 싶다는 [con el pretexto de] 구실로 경비대로부터 출입 허가를 받아냈습니다.

quería que+접속법 과거

'~이기를 원했다'라는 뜻으로 주절에는 직설법 불완료과거를, 종속절에는 접속법 과거를 사용하여 시제를 일치시킵니다.

Vocabularios

se encontraban 동사 encontrarse(~에 있다, 만나다)의 불완료과거 3인칭 복수
dentro 안에, 속에, 안으로, 속으로
sucedió 동사 suceder(일어나다, 발생하다)의 단순과거 3인칭 단수
ocurrir 일어나다, 생기다, 떠오르다
temían 동사 temer(두려워하다, 무서워하다)의 불완료과거 3인칭 복수
nuev@ 새로운
maldijo 동사 maldecir(저주하다, 나쁘게 말하다)의 단순과거 3인칭 단수
el lienzo 린넨
consiguió 동사 conseguir(얻다, 획득하다, 달성하다)의 단순과거 3인칭 단수
recibiría 동사 recibir(받다, 맞아들이다)의 조건법(가능법) 1, 3인칭 단수
gran=grande 큰, 커다란, 대형의 →Gran은 명사 앞, Grande는 명사 뒤
luciera 동사 lucir(빛나다, 반짝이다)의 접속법 과거 1, 3인칭 단수
bordando 동사 bordar(수를 놓다)의 현재 분사

en realidad 실은, 실제로는
bendecir 축복하다, 칭송하다
la **majestad** 위엄, 폐하, 각하
obtener 얻다, 획득하다, 손에 넣다
la **llegada** 도착, 도래
elogiar 칭찬하다
el **permiso** 허가, 승인
el **mantel** 식탁보
인칭대명사+mism@ (누구)자신, 몸소
mism@ 똑 같은, 동일한

La princesa pura e inocente

12. 순수하고 순진한 공주

Los guardias la dejaron entrar y pasados algunos minutos entró la princesa,

la saludó cortésmente y ella elogió su bello gesto de ofrecer la cena para sus padres

y de bordar ella misma ese mantel.

algunos minutos
경비원들은 그녀를 들어가게 했고, 몇 분 후 공주가 들어와 그녀에게 정중히 인사했습니다.

그리고 그녀는 준비된 저녁식사와 직접 수놓은 식탁보에 찬사를 보냈습니다.

조동사 dejar+동사원형   ~하게 하다(두다)

▶ *Déjame estar sol@.* 나 혼자 있게 해줘.
▶ *¡Déjame hablar!* 나도 말 좀 하자!

Vocabularios

pasad@ 지난, 지나간, 과거의
entró 동사 entrar(들어가다, 들어오다)의 단순과거 3인칭 단수
saludó 동사 saludar(인사하다)의 단순과거 3인칭 단수
cortésmente 바르게, 공손히, 정중히
la **cortesía** 예절, 예의
la **descortesía** 무례, 버릇없음
elogió 동사 elogiar(칭찬하다, 찬양하다)의 단순과거 3인칭 단수

el **pasado** 과거, 옛날
cortés 정중한, 예의 바른, 공손한
descortés 무례한, 예의 없는
el/la **maleducad@** 버릇없는 사람
el **gesto** 몸짓, 손짓, 제스처, 표정
maleducad@ 버릇없는, 예의 없는

Sucedió lo que tanto temían...

13. 결국 우려했던 일이 현실로...

El hada madrina le dijo:

"Hermosa, ¿quieres ayudarme a sostener los hilos que tengo en esta canasta mientras yo tomo las medidas de la mesa?"

La princesa gentilmente le sonrió y le dijo:

"¡Por supuesto!"

요정 대모가 공주에게 말했습니다. "아름다운 공주님, 제가 식탁의 치수(크기)를 재는 [tomar la medida] 동안 여기 바구니에 있는 실이 움직이지 않게 도와주시겠어요?" 그러자 공주는 친절하게 미소 지으며 말했습니다. "물론이죠![por supuesto]"

gentilmente 고상하게, 친절하게

▶ *La maestra gentilmente me explicó todo.* 선생님은 나에게 모든 것을 친절하게 설명해주셨다.
▶ *¿Podrías decirme gentilmente?* 나에게 친절하게(예의있게) 말 해줄래?

Vocabularios

sostener 떠받치다, 지원하다
tomo 동사 tomar(잡다, 받다)의 단순현재 1인칭 단수
tomar la medida 치수(크기)를 재다
sonrió 동사 sonreír(미소를 짓다, 방긋이 웃다)의 단순과거 3인칭 단수
por supuesto 물론입니다, 당연합니다

la **medida** 크기, 치수
gentilmente 예의 바르게, 친절하게

Desvanecimiento de la princesa

14. 정신을 잃고 쓰러진 공주

Mientras ella sostenía la canasta, un bollo de hilo

se cayó y ella enseguida corrió a levantarlo.

En su ingenuidad nunca sospechó que dentro del bollo de hilo

estaba insertada una aguja.

Fue en ese instante cuando ella sin darse cuenta notó

que gruesas gotas de sangre brotaban de su dedo y

minutos después ella se desvaneció sin que

nadie pudiera hacer algo.

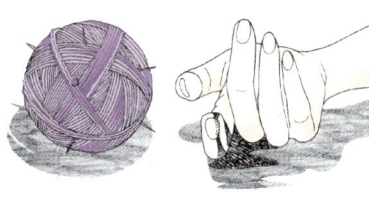

공주가 바구니를 잡고 있는 동안 실뭉치 (bollo de hilo) 한 개가 떨어지자 공주는 곧바로 실뭉치를 주우러 달려갔습니다. 천진난만한 공주는 실뭉치 속에 바늘이 숨겨져 있는지 꿈에도 생각지 못했던 것이죠. 그 순간 (en ese instante) 느낄 새도 없이 (sin darse cuenta) 그녀의 손가락에선 굵은 핏방울이 솟아 나오고 있었고 잠시 후 그녀는 누군가 손 쓸 틈도 없이 정신을 잃고 말았습니다.

sin que+접속법 ~없이

▶ *Ellos no salen sin que haya dinero.* 그들은 돈이 없으면 나오지 않는다.

▶ *Mi madre hace buenos actos sin que nadie lo sepa.*
우리 엄마는 아무도 몰라줘도 옳은(좋은) 행동을 하신다.

Vocabularios

sostenía 동사 sostener(떠받치다, 지원하다)의 불완료과거 1, 3인칭 단수
***el* bollo** 뭉치 모양의 물건
enseguida 즉시, 즉각, 바로
corrió 동사 correr(달리다, 뛰다)의 단순과거 3인칭 단수
sospechó 동사 sospechar(의심하다, 추측하다)의 단순과거 3인칭 단수
notó 동사 notar(~을 깨닫다, 알아차리다)의 단순과거 3인칭 단수
fin@ 가는, 엷은
***la* sangre** 피, 혈액
brotaban 동사 brotar(뿜어 나오다, 싹트다)의 불완료과거 3인칭 복수
dedo medio/cordial/corazón 중지
dedo meñique/auricular 새끼(손가락)

***el* hilo** 실
***el* instante** 순간, 순식간, 일순간
***la* ingenuidad** 솔직함, 천진난만
insertad@ 삽입된
grues@ 굵은, 두꺼운
***la* gota** 방울
***el* dedo** 손가락, 발가락
dedo pulgar/gordo 엄지
dedo anular 약지
dedo índice 검지

desvaneció 동사 desvanecer(흩뜨리다, 흩어지게 하다, 실신하다, 정신을 잃다)의 단순과거 3인칭 단수

Gran conmoción del rey y la reina

15. 충격에 휩싸인 왕과 왕비

Para cuando el rey y la reina llegaron todo el palacio era una conmoción total.

Apresuradamente subieron al cuarto de la princesa y la encontraron completamente desvanecida en su recámara.

Sus doncellas lloraban y los guardias estaban muy avergonzados porque no pudieron arrestar a la hada madrina malvada.

왕과 왕비가 도착했을 때 온 왕궁은 완전 충격에 휩싸인 상황이었습니다. 왕과 왕비는
　　　apresuradamente　　　　　　completamente
서둘러 공주의 방으로 올라갔고 침실에서 완전히 정신을 잃은 그녀를 발견했습니다.
　　　　　　　　　　　　　　　　　　　　　la encontraron

공주의 하녀들은 울고 있었고 경비대는 사악한 요정을 잡지 못한 것에 대해 부끄러워 어쩔 줄

몰라하고 있었습니다.

apresuradamente 조급히, 서둘러

▶ *¿Por qué te fuiste apresuradamente?* 너 왜 급하게 가버렸어?

Vocabularios

apresuradamente 조급히, 서둘러
subieron 동사 subir(올라가다, 올라오다)의 단순과거 3인칭 복수
la **habitación** 방, 객실
la **recámara** 침실 (주로 멕시코에서)
la **sala** 거실
el **balcón** 발코니
el **sótano** 지하실, 창고
pudieron 동사 poder(~할 수 있다)의 단순과거 3인칭 복수

el **cuarto** 방, 침실
la **alcoba** 침실
el **dormitorio** 침실
el **baño** 화장실
el **desván** 다락방
avergonzad@ 부끄러운, 수치스러운
arrestar 체포하다, 검거하다, 붙잡다

Última esperanza del rey y la reina

16. 왕과 왕비의 마지막 희망

El rey y la reina estaban desconsolados, en sus corazones solo mantenían ardiendo la esperanza de las palabras que le dijo la última hada madrina:

"Ella no morirá. El hechizo no se romperá hasta que un apuesto príncipe le dé un beso y la despierte."

왕과 왕비의 마음 속에는 오로지 마지막 요정이 해준 말들에 대한 희망의 불씨만 남아 있었습니다. '그녀는 죽지 않을 것입니다. 한 수려한 왕자가 <u>그녀에게 키스를 하고</u> (le dé un beso) 잠을 깨워야만 마법이 풀릴 것입니다.'

hasta que+접속법   ~할 때 까지

▶ *Cocinar por 40 minutos o hasta que el líquido se absorbe*
40분 혹은 액체가 흡수될 때까지 조리하기 → 사실

▶ *Espere hasta que se termine la clase.* 수업이 끝날 때까지 기다려 주세요. → 불확실

Vocabularios

desconsolad@ 침통한, 비통한, 위로할 길 없는
mantenían 동사 mantener(유지하다, 보존하다)의 불완료과거 3인칭 복수
ardiendo 동사 arder(불타다, 불타고 있다, 끓다)의 현재 분사
la **esperanza** 희망, 기대 ↔ *la* **desesperanza** 절망

La princesa dentro de la caja de cristal

17. 유리관에 잠든 공주

Entonces el rey mandó inmediatamente traer una caja de cristal y ordenó que le pusieran el vestido más bello y la arreglaran como si ella fuera a asistir a una gran fiesta.

La caja de cristal con la princesa dentro fue colocada en la torre más alta del palacio.

　　　　　　　　una caja de cristal
그러자 왕은 당장 유리상자를 가져오게 하여 공주에게 가장 아름다운 옷을 입히고
　　　　　　como si
그녀가 마치 큰 무도회에 참석하는 것처럼 꾸미라고 명령을 내렸습니다. 그리고 공주가 놓인

유리상자는 왕궁에서 가장 높은 탑에 두었습니다.

como si fuera 마치 ~인 것처럼

▶ *Como si fuera ayer* 마치 어제인 것처럼
▶ *Como si fuera nuev@* 마치 새것처럼

Vocabularios

pusiera 동사 poner(놓다, 두다, 입히다)의 접속법 과거 3인칭 복수
arreglaran 동사 arreglar(고치다, 정리하다, 꾸미다)의 접속법 과거 3인칭 복수
fuera 동사 ser(~이다)의 접속법 과거 1, 3인칭 단수
asistir 모이다, 출석/참석하다, 수행하다
colocad@ 놓인, 두어진, 배치된

Se despierta la princesa

18. 숲속의 공주 잠에서 깨다

Los años pasaron y nada parecía suceder.

El rey y la reina estaban a punto de perder las esperanzas.

Fue en ese preciso instante cuando algunos guardias entraron apresuradamente al salón real e informaron a sus majestades que la princesa por fin había despertado.

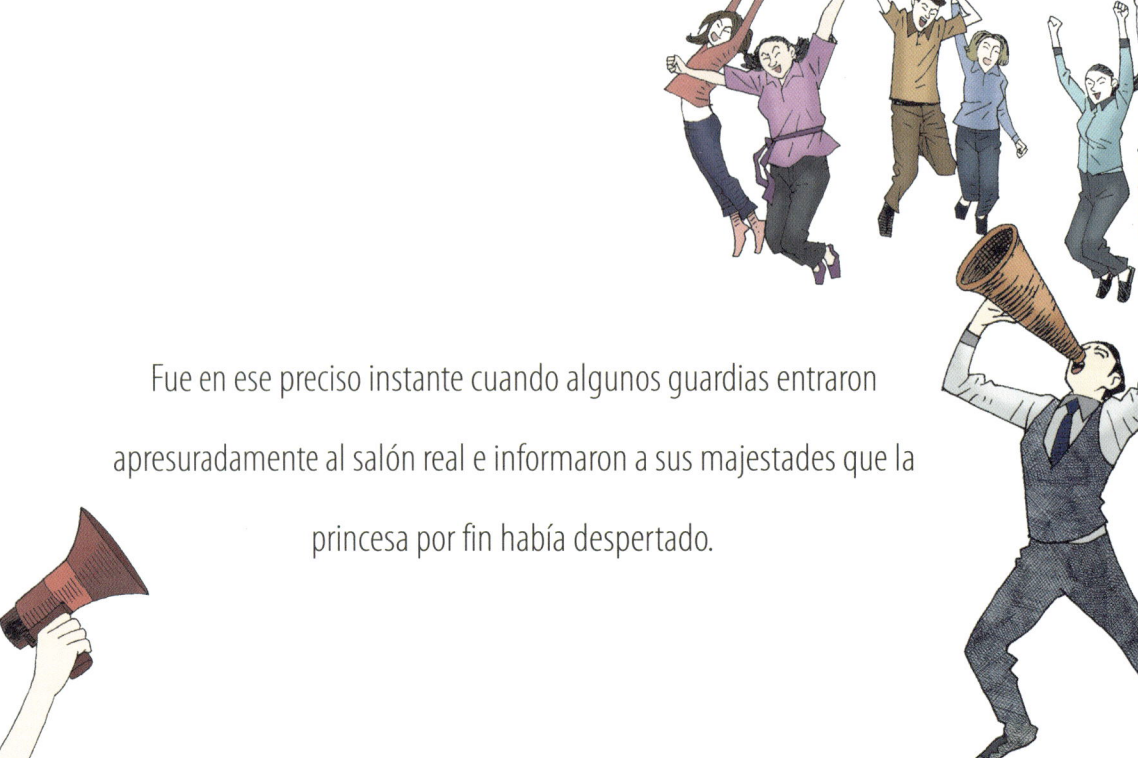

여러 해가 흘렀지만 아무 일도 일어나지 않는 듯했습니다. 왕과 왕비는 거의 희망을 잃어버리기 `a punto de` 직전이었죠. 바로 그 순간, 몇 명의 경비대가 급하게 왕궁 홀로 들어와 왕과 왕비에게 공주가 `por fin` 드디어 깨어났다고 전했습니다.

estar+a punto de ~할 직전(찰나)에 있다

▶ *Estoy a punto de levantarme.* 나는 일어나기 직전이야

en ese (precis@) instante 그 찰나에, 그 순간에

▶ *En ese (preciso) instante hubo un estruendo.* 그 순간 큰 소음이 있었다.

Vocabularios

perder 잃다, 분실하다, 지다, 패하다
precis@ 명확한, 정확한
informaron 동사 informar(알리다, 보고하다)의 단순과거 3인칭 복수
ganar (돈을)벌다, 얻다, 이기다, 승리하다
imprecis@ 부정확한, 불명확한, 애매한

El beso amoroso que despertó a la princesa

19. 잠든 공주를 깨워준 사랑의 키스

Lo que había sucedido es que el príncipe Arturo de un reino cercano había salido de cacería y al intentar perseguir a un venado una flecha había caído justo en la torre.

Al no contar con más flechas, él tuvo que subir a la torre y buscar la flecha que se le había perdido.

Ese fue el momento en que vio la enorme caja de cristal con la princesa dentro.

Cuando el príncipe Arturo vio a la princesa se enamoró inmediatamente de ella y sin pensarlo más abrió la caja y le dio un beso.

Y así fue como ella despertó de su gran sueño y el hechizo por fin pudo romperse.

사건은 이랬습니다. 이웃 왕국의 아더(아르뚜로) 왕자가 사냥에 나가 사슴을 쫓는 도중 화살 한 개가 성 탑에 떨어졌습니다. 더 이상 화살이 남지 않게 된 왕자는 잃어버린 화살을 찾으러 탑으로 올라가야 했죠. 그 순간 공주가 있는 거대한 유리상자가 눈에 들어왔습니다.

아더(아르뚜로) 왕자는 공주를 보는 순간 사랑에 빠져버렸고 <u>생각할 겨를도 없이</u>(sin pensarlo más) 상자를 열어 그녀에게 키스를 한 것입니다. <u>이렇게</u>(asi fue como) 공주는 깊은 잠에서 깨어났고 마침내 마법도 풀리게 되었습니다.

es que (사실은) ~때문이다

▶ *Es que... no quería molestarte.* 사실... 널 방해하고 싶지 않았어.
▶ *Es que... me olvidé de llamarte.* 사실... 너에게 전화하는 걸 까먹었어.

al+동사원형 ~할 때, ~하는 도중(동안)

▶ *Mañana al amanecer tenemos que marchar.* 내일 동이 틀 때 우리는 가야해.
▶ *Siempre al levantarme me siento muy cansada.* 나는 일어날 때 항상 너무 피곤 해.

justo ~에 정확히

▶ *Ella vive justo enfrente de mi casa.* 그녀는 정확히 우리집 앞에 산다.
▶ *El hotel está justo en frente del mar.* 호텔은 바다 바로 앞에 있다.

contar con ~을 가지고(갖추고) 있다, ~을 고려(생각)하다

▶ *Mi casa cuenta con grandes árboles y un hermoso jardín.*
  우리집은 큰 나무들과 아름다운 정원이 있다.

▶ *Como no contaba con el frío, me vine sin abrigo.*
  나는 추위를 느끼지 못했기 때문에 외투 없이 왔다.

ver 보이다, ver a (무언가를)보다

▶ *¿Ves algo divertido?* 뭐 재밌는거 봐?
▶ *Quiero ver otras páginas.* 나는 다른 페이지들을 좀 보고 싶어.
▶ *Hoy veo a mis estudiantes pasados.* 나는 오늘 내 예전 제자들을 볼 거야.

por fin (=al fin) 드디어, 마침내

▶ *Por fin puedo verte.* 드디어 널 볼 수 있게 되었어.
▶ *Por fin lo tengo todo listo.* 드디어 (내가 가지고 있는 것들이) 다 끝났어.

Vocabularios

la **cacería=la caza** 사냥

vecin@ 가까운, 이웃의

el/la **vecino@** 이웃, 주민

perseguir 쫓다, 추격하다, 추구하다

la **flecha** 화살

justo 정확히

el **castillo** 성, 망루

contar con 예상하다, 생각하다, 가지고 있다

vio 동사 ver(보다, 보이다)의 단순과거 3인칭 단수

se enamoró 동사 enamorarse(반하다, 사랑에 빠지다)의 단순과거 3인칭 단수

abrió 동사 abrir(열다)의 단순과거 3인칭 단수

cercan@ 가까운, 근처의

lejan@ 먼, 먼 곳의

la **vecindad** 이웃

el **venado=el ciervo** 사슴

el **arco** 활

la **torre** 탑, 망루, 성루

contar 계산하다, 세다

tuvo 동사 tener(가지고 있다)의 단순과거 3인칭 단수

La princesa ha encontrado el amor verdadero

20. 진정한 사랑 찾은 아우로라

El rey y la reina estaban muy felices.

Inmediatamente fueron a encontrarse con el príncipe Arturo y su bella hija.

El príncipe los saludó como es debido dirigirse a un rey y con toda honestidad y profundo amor les declaró lo que sentía por su hija y les pidió permiso para poder casarse con ella y llevarla a vivir con él.

Sus majestades estaban felices y no pudieron negarse a semejante pedido.

Días después el cortejo de boda se preparó y el matrimonio se llevó a cabo.

El príncipe Arturo y la princesa Aurora vivieron felices para siempre.

왕과 왕비는 아주 기뻐했습니다. 곧바로 아더(아르뚜로) 왕자와 아름다운 딸을 만나러 갔습니다. 왕자는 왕에게 늘 하던대로 경의를 표하며 진심과 깊은 사랑으로 인사를 올렸고, 그들에게 딸(Aurora)에게서 느낀 것을 실토하여 그녀와 혼인하여 함께 살수 있도록 허락을 요청했습니다. 행복에 젖은 왕과 왕비는 이와 같은 요청을 거절할 수 없었죠. 며칠 후 *días después* 결혼식이 준비됐고 혼인은 무사히 행해졌습니다 *se llevó a cabo*. 그리고 아더(아르뚜로) 왕자와 오로라(아우로라) 공주는 평생 행복하게 살았답니다.

el príncipe los saludó

saludar 동사 앞에 그 대상이 올 경우에는 직접목적대명사만 사용이 가능합니다. 대표적인 동사로는 saludar(인사하다), llamar(부르다)가 있습니다.

▶ *los saludó* 그들에게 인사했다
▶ *les saludó (X)*

Vocabularios

debid@ 당연한, 마땅한
dirigirse 지향하다, 향하다, 대하다
la **honestidad** 정직, 성실
la **falsedad** 거짓, 위조
semejante 닮은, 유사한, 그러한, 이와 같은

pidió 동사 pedir(부탁하다, 요구하다)의 단순과거 3인칭 단수
negarse 거부(거절)하다
confesar 인정하다, 고백(자백)하다
declaró 동사 declarar(선언하다, 표명하다)의 단순과거 3인칭 단수
la **ceremonia del matrimonio** 결혼식

La Bella durmiente 잠자는 숲속의 공주

Silvia   원어민 (남)   원어민 (여)

Érase una vez un rey y una reina que ansiaban con todo su corazón tener a una hermosa hijita. El tiempo había pasado y no había señales de que la reina estuviera embarazada. Ella empezaba a sentirse muy triste y decepcionada de la vida. Hasta que un día ella se encontró con un hada y esta le dijo: "No estés más triste, pronto llegará a ti un hermoso regalo."

Los días pasaron y ella por fin pudo concebir a una hermosa princesita que llegó a alegrar e iluminar sus días y por eso le pusieron Aurora.

Todos en el reino estaban felices por la noticia y de todas partes empezaron a llegar regalos para la recién nacida. El rey hizo un banquete especial en su honor y llegaron miles de invitados de todas partes. Después del baile de bienvenida el rey hizo venir a sus hadas madrinas para que éstas le concedieran virtudes especiales a su pequeña hijita.

Una de ellas la dotó de inigualable belleza, la otra le dio una dulce voz para

que cantara como los ángeles, la siguiente de ellas le regaló la amabilidad y sociabilidad para con las demás personas. La mayoría de las hadas madrinas habían pasado, obsequiándole lo mejor que tenían y solo faltaba una de ellas.

Justo en ese momento se escuchó un fuerte viento y el hada más temida del reino apareció. Le dijo al rey en tono brusco y grosero: "¿Esta es la forma de mostrarme tu gratitud y aprecio por mí? Uhmmm ya verás lo que sucederá. Cuando tu hija cumpla 18 años se pinchará el dedo con una espina y morirá para siempre."

El hada salió inmediatamente del salón y el rey y todas las personas que se encontraban allí palidecieron y se quedaron atónitos y con mucho miedo.

En ese momento el hada que aún faltaba por obsequiarle el último regalo, le dijo al rey: "No puedo hacer mucho contra esta maldición porque ella es muy poderosa y (muy) fuerte, si tu hija se pincha el dedo con una espina, no morirá.

La Bella durmiente 잠자는 숲속의 공주

Solo dormirá y el hechizo no se romperá hasta que un apuesto príncipe le dé un beso y la despierte.

Pasados algunos días después del baile y de que el rey se recuperara de tan grande conmoción mandó a todos en el reino a esconder y de ser posible eliminar todos los objetos cortopunzantes para así tratar de evitar la maldición que había caído sobre ella.

Los días transcurrieron y así pasaron los años sin novedad alguna. Todo parecía de lo más tranquilo y el rey se sentía tranquilo y alegre porque veía crecer a su hija que ahora ya estaba convertida en una hermosa señorita.

Por ese tiempo llegó a oídos del rey que en la cocina real había llegado una nueva señora de avanzada edad que se encargaría de los platillos reales porque ella era una excelente cocinera. El rey estuvo encantado con la noticia porque tenía muy buenas recomendaciones y se veía de un buen carácter.

Un día mientras el rey y la reina no se encontraban dentro del palacio sucedió lo que tanto temían. La 'nueva cocinera' era en realidad el hada madrina que la maldijo cuando ella era aún una recién nacida. Mientras sus majestades se encontraban de viaje ella fue al salón real con grandes lienzos de tela y consiguió el permiso de los guardias para entrar con el pretexto de que a la llegada de sus majestades los recibiría con una gran cena y porque quería que la mesa luciera con un hermoso mantel que ella misma estaba bordando.

Los guardias la dejaron entrar y pasados algunos minutos entró la princesa, la saludó cortésmente y ella elogió su bello gesto de ofrecer la cena para sus padres y de bordar ella misma ese mantel.

El hada madrina le dijo: "Hermosa, ¿quieres ayudarme a sostener los hilos que tengo en esta canasta mientras yo tomo las medidas de la mesa?" La princesa gentilmente le sonrió y le dijo: "¡Por supuesto!"
Mientras ella sostenía la canasta, un bollo de hilo se cayó y ella enseguida corrió

La Bella durmiente 잠자는 숲속의 공주

a levantarlo. En su ingenuidad nunca sospechó que dentro del bollo de hilo estaba insertada una aguja. Fue en ese instante cuando ella sin darse cuenta notó que gruesas gotas de sangre brotaban de su dedo y minutos después ella se desvaneció sin que nadie pudiera hacer algo.

Para cuando el rey y la reina llegaron todo el palacio era una conmoción total. Apresuradamente subieron al cuarto de la princesa y la encontraron completamente desvanecida en su recámara. Sus doncellas lloraban y los guardias estaban muy avergonzados porque no pudieron arrestar a la hada madrina malvada.

El rey y la reina estaban desconsolados, en sus corazones solo mantenían ardiendo la esperanza de las palabras que le dijo la última hada madrina: 'Ella no morirá. El hechizo no se romperá hasta que un apuesto príncipe le dé un beso y la despierte.' Entonces el rey mandó inmediatamente traer una caja de cristal y ordenó que le pusieran el vestido más bello y la arreglaran como si ella fuera a

asistir a una gran fiesta. La caja de cristal con la princesa dentro fue colocada en la torre más alta del palacio.

Los años pasaron y nada parecía suceder. El rey y la reina estaban a punto de perder las esperanzas. Fue en ese preciso instante cuando algunos guardias entraron apresuradamente al salón real e informaron a sus majestades que la princesa por fin había despertado.

Lo que había sucedido es que el príncipe Arturo de un reino cercano había salido de cacería y al intentar perseguir a un venado una flecha había caído justo en la torre. Al no contar con más flechas, él tuvo que subir a la torre y buscar la flecha que se le había perdido. Ese fue el momento en que vio la enorme caja de cristal con la princesa dentro. Cuando el príncipe Arturo vio a la princesa se enamoró inmediatamente de ella y sin pensarlo más abrió la caja y le dio un beso. Y así fue como ella despertó de su gran sueño y el hechizo por fin pudo romperse.

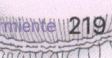

La Bella durmiente 잠자는 숲속의 공주

El rey y la reina estaban muy felices. Inmediatamente fueron a encontrarse con el príncipe Arturo y su bella hija. El príncipe los saludó como es debido dirigirse a un rey y con toda honestidad y profundo amor les declaró lo que sentía por su hija y les pidió permiso para poder casarse con ella y llevarla a vivir con él. Sus majestades estaban felices y no pudieron negarse a semejante pedido. Días después el cortejo de boda se preparó y el matrimonio se llevó a cabo. El príncipe Arturo y la princesa Aurora vivieron felices para siempre.

La Sirenita 인어공주

Vocabulario de uso cotidiano y nuevo 일상용어·최신어휘

la tortuga
거북이

el cardumen
물고기 떼

tomar las fotos con el móvil
휴대폰으로 사진찍기

leer el libro agachado
엎드려서 책 읽기

trabajar con la computadora de última generación
최신컴퓨터로 작업하다

hablar con un teléfono(celular/móvil) de última generación
최신 폰으로 통화하다

nadar 헤엄치다
la natación 수영

seguir cantando la canción moda
최신 곡을 따라 부르다

escuchar la canción
노래를 듣다

comportamiento peligroso
위험한 행동

la travesura
못된 장난

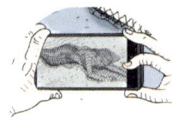
subir las fotos a redessociales
SNS에 사진을 올리다

buscar por laptop
노트북으로 검색하다

 **el delfín(los delfines)**
돌고래

 **las nubes**
구름

 **la pesca**
배낚시

 **los pantalones** 바지
la camisa 셔츠
las zapatillas de deporte
운동화

 **los auriculares**
헤드셋
el tablet de última generación
최신 태블릿

 **extrañarse**
그리워하다
derramar lagrimas
눈물 흘리다

 **dar una fuerte impresión**
강한 인상

 **escribir un contrato**
계약서를 쓰다

 **tomar botella por botella**
병나발

 **el castillo de arena**
모래성
las huellas dejadas en la arena de la playa
해변 모래밭에 남긴 발자국

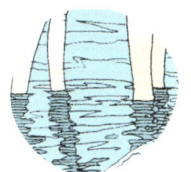 **remoja los pie en el mar**
바닷물에 발을 담그다

 **parejas que asisten(asistieron) a la fiesta**
파티에 참석한 커플

La Sirenita 223

Vocabulario de uso cotidiano y nuevo 일상용어·최신어휘

llorando de tristeza
슬피 울다

tomados de la mano
손을 잡다

envolver alrededor de la cintura
허리를 감싸 안다

besar
키스하다

cruzar los dedos
손 깍지를 끼다

poner un listón (un gancho) en la cabello
머리에 리본 핀을 꽂다

proponer matrimonio con un anillo
반지를 주며 청혼하다

buceo, el buceador
스쿠버다이빙

beso bajo el agua
수중키스

el pulpo
문어

el caballito del mar
해마

el cabello permanente
파마머리

haber un accidente
사고가 발생하다

tener un accidente
사고를 당하다

Los personajes de Sirenita 등장인물

la Sirenita 인어공주

la chica enamoradiza y muy curiosa
호기심 많은 금사빠 소녀

el Príncipe 왕자

el hombre cautivador sin embargo no sabe nadar
누가 봐도 호감 가는 남자, 그러나 수영은 못함

la bruja pulpo 문어 마녀

persigue un estilo atrevido
과감한 스타일을 추구함

las divertidas hermanas mayores de Sirenita

흥 많은 시레니따의 언니들

Un mágico reino misterio

1. 베일에 쌓인 마법 왕국

Había una vez en el fondo del mar un reino mágico, que nadie conocía.

Un lugar extraordinario rodeado de muchos animales

y plantas acuáticas hermosas, en medio de ese lugar

había un castillo donde se encontraba el rey del mar.

Era un palacio hermoso,

donde reinaban la pazy la tranquilidad.

　　　　　había una vez　　en el fondo del mar
옛날 옛적 바다 깊은 곳에 아무도 모르던 마법 왕국이 있었습니다. 수많은 동물들과 아름다운
　　　　　　　　rodeado de　　　　　　　　en medio de
수중 식물들로 둘러 쌓인 멋진 곳이었습니다. 그 곳 중심에는 바다 임금님이 살고 있는

성이 하나 있었죠. 평화와 평온이 다스리는 아주 아름다운 왕궁이었습니다.

> **fondo del mar**　　바다 깊은 곳

fondo는 '(밑)바닥, 제일 깊은 곳, 제일 끝' 등을 뜻합니다. 내용에 따라 해석의 차이가 조금씩 있을 수 있지만, 문장에 쓰인 fondo del mar는 '바다 깊은 곳'으로 해석합니다.

> **nadie+동사**　　아무도 ~않다

부정어 nadie와 동사가 함께 쓰이면 '아무도 (동사의 부정/반대 표현) ~하다'라는 의미가 됩니다. 본문에서 동사 conocer는 '알다, 알고 있다'의 뜻이지만 nadie와 붙으면서 '알지 못하다, 모르다'와 같이 부정 (또는 반대)의 의미로 해석됩니다.

La Sirenita

> **en medio de** '~의 중심에'

다른 의미로 한창 무언가를 하고 있는 상황에서 '~도중에' 라는 뜻으로도 쓰입니다.

1. 어떠한 상황을 묘사하는 명사: ~도중에

   ▶ *En medio de la pelea* 싸움(다툼) 도중에

2. 단순 사물/사람을 묘사하는 명사: ~의 중심에

   ▶ *En medio de la calle* 길 중심에

Vocabularios

conocía 동사 conocer(알다, 알고 있다)의 불완료과거 1, 3인칭 단수
extraordinari@ 유별난, 뛰어난, 멋진
acuátic@ 물의, 수중의
había 동사 haber(있다)의 불완료과거 1, 3 인칭 단수
se encontraba 동사 encontrarse(~에 있다)의 불완료과거 3인칭 단수
reinaban 동사 reinar(다스리다, 통치하다)의 불완료과거 3인칭 복수
la **paz** 평화
el **mar** 바다
el **río** 강, 하천

rodead@ 둘러 쌓인
planta acuática 수중 식물
el **castillo** 성
la **tranquilidad** 평안, 고요함
el **océano** 대양
el **arroyo** 시내, 개울
la **laguna** 연못
el **lago** 호수
el **pantano** 늪

Una hermosa Sirenita en el fondo del mar

2. 바닷속 아름다운 인어공주

El rey del mar vivía con sus seis hijas y su madre y todos gozaban de una felicidad inigualable.

Todos los días ellas jugaban con los diferentes animales del mar y disfrutaban ver los corales, estrellas de mar y esponjas marinas.

Todas las hijas del rey del mar eran bellísimas en especial la más pequeña de todas, Sirenita. Ella tenía la piel suave y blanca y hermosos ojos azules, además, tenía una voz hermosa y al igual que sus hermanas sirenas tenía cola de pez.

　　　　　　　　　　　　　　　　　　　　　　　una felicidad inigualable
바다 임금님은 여섯 딸들과 자신의 어머니와 함께 살고 있었고 그 어떤 것과 비교 될 수 없는 행복을

　　　　　　　　　　　　　todos los días　　con los diferentes animals del mar
누리고 있었어요. 공주들은 매일 가지각색의 해양 동물들과 함께 놀았고 산호, 불가사리 그리

고 해면 동물들을 구경하는 것을 즐겼죠.

　　　　　　　todas las hijas　　en especial　　　la más pequeña
바다 임금님의 딸들은 매우 아름다웠는데 그 중 특히 막내인 시레니따가 가장 아름다웠습니다.

그녀는 부드럽고 하얀 피부와 아름다운 파란 눈, 아름다운 목소리 그리고
　　　　　　　　al igual que　　　cola de pez
인어 언니들과 마찬가지로 물고기 꼬리를 가지고 있었어요.

---

gozar de　~을 누리다

gozar는 '향유하다, 누리다'의 뜻으로 전치사 de와 함께 쓰입니다.

---

bellísimas　매우 아름다운

bellas의 어미가 떨어지고 접미어 -sim@(s)가 붙여진 표현으로 대상 형용사를 최상급 또는 극대화로 만드는데 쓰여 '아름다운'을 '매우/아주 아름다운'의 뜻으로 만들어 줍니다.

mucho 많은 → **muchísimo** 매우 많은　　　　　　**bueno** 좋은 → **buenísimo** 매우 좋은
oscuro 어두운 → **oscurísimo** 매우 어두운

> **al igual que** ~와 같게, ~와 마찬가지로

동등비교의 표현으로 본문의 al igual que sus hermanas는 '그녀의 언니들과 마찬가지로' 로 해석합니다.

▶ *al igual que ella* 그녀와 마찬가지로

▶ *al igual que sus compañeros* 그(그녀)의 동료들과 마찬가지로

> **el pez** 생선

el pescado도 같은 '생선'이라는 뜻이지만 pez는 살아있는 생선, pescado는 식품으로써의 죽어 있는 생선을 각각 의미합니다.

Vocabularios

gozaban 동사 gozar(즐기다, 기뻐하다)의 불완료과거 3인칭 복수
la **felicidad** 행복 ↔ *la* **infelicidad**, *la* **desgracia** 불행, 불운
jugaban 동사 jugar(놀다, 경기(게임)을 하다)의 불완료과거 3인칭 복수
diferente 다른, 차이가 있는, 여러 가지의, 가지각색의
disfrutaban 동사 disfrutar(즐기다)의 불완료과거 3인칭 복수
la **estrella de mar** 불가사리
la **sirena** 인어
la **cola** (동물의)꼬리, (물건의)맨 끝, (차례를 기다리는)줄

el **coral** 산호
la **esponja marina** 해면 동물
la **piel** 피부, 가죽, 껍질
el **pez** 물고기
el **pescado** 생선
en especial 특히, 특별히

La única preocupación del rey del mar

3. 바다임금의 유일한 걱정 한가지

El rey del mar amaba mucho a sus hijas y le preocupaba una sola cosa: que sus hijas salieran a la superficie del mar y se encontraran con los humanos, él sabía que los humanos podían lastimar a sus preciosas hijas.

Por esta razón las hijas del rey del mar tenían prohibido subir a la superficie antes de ser mayores de edad.

　　　　　　　　　　　　amaba mucho a　　una sola cosa
바다 임금님은 딸들을 무척이나 사랑했는데 딱 한 가지에 대해 걱정이 있었습니다.
　　　　　　　　　　　　salieran a
그건 딸들이 수면 위로 올라가 인간들과 만나는 것이었죠. 인간들이 자신의 예쁜 딸들에게 상
　　　　　　　　　　　　　　　　　　　　　por esta razón
처를 입힐 수 있다는 것을 알고 있었기 때문이었습니다. 이런 이유로 바다 임금님의 딸들은
　　　mayor de edad
성인이 되기 전에는 수면 위로 올라가는 것이 금지돼 있었어요.
　　　　　　antes de ser

encontrarse 의 여러가지 뜻

1. (장소에) 있다

　▶ *La montaña Acha se encuentra en Seúl.* 아차산은 서울에 있다.

2. (~의 상태에) 있다

　▶ *¿Te encuentras mejor?* 너 좀 괜찮아졌어?

3. (서로) 만나다

　▶ *Nos encontramos en el parque Nacional.* 우리는 국립공원에서 만난다.

> **tenían prohibido** 금지되었다

동사 [estar/tener+prohibido]로 사용합니다.

▶ *Los niños tienen prohibido tomar alcohol.* 어린이는 음주가 금지되어 있다.

▶ *Los niños están prohibido entrar.* 어린이 입장 금지입니다.

Vocabularios

amaba 동사 amar(사랑하다, 좋아하다)의 불완료과거 1, 3인칭 단수
preocupaba 동사 preocupar(걱정시키다, 마음에 걸리다)의 불완료과거 1, 3인칭 단수
la **cosa** 것, 물건, 가지
salieran 동사 salir(나가다, 떠나다)의 접속법 과거 3인칭 복수
la **superficie** 표면, 지면
encontraran 동사 encontrar(만나다, 발견하다)의 접속법 과거 3인칭 복수
el **humano** 인간, 사람
sabía 동사 saber(알다, 알고 있다)의 불완료과거 1, 3인칭 단수
podían 동사 poder(~할 수 있다)의 불완료과거 3인칭 복수
lastimar 다치게 하다, 상처를 입히다
por esta razón 이런 이유로, 이런 까닭으로
prohibid@ 금지된
subir 올라가다, 올라오다, 오르다
antes 앞에, 조금 전에
mayor de edad 성인, 성년

La Sirenita anhela conocer el mundo de los humanos

4. 인간세상을 동경한 인어공주

Sirenita era muy curiosa y siempre había escuchado las historias de su abuela

y sus hermanas sobre la superficie del mar, pero ella no estaba conforme con lo que

escuchaba, ella quería conocer el lugar que tanto había escuchado.

Su abuela siempre le recordaba el peligro que

corría si ella desobedecía, Sirenita debía ser

paciente y esperar a cumplir con la edad para poder salir.

시레니따는 매우 호기심이 많았고 항상 할머니와 언니들을 통해 수면 위에 대한 이야기를 들어 *sobre la superficie del mar*

왔었지만 듣는 것 만으로는 만족하지 않았어요. 수없이 들어왔던 곳에 대해 직접 알고 싶어했 *lo que escuchaba* *había escuchado*

죠. 그녀의 할머니는 그녀가 따르지 않으면 처할 수 있는 위험에 대해 항상 상기시켜줬기에 시

레니따는 인내를 가지고 물 밖으로 나갈 수 있는 나이가 될 때까지 기다려야 했습니다. *la edad para poder salir*

과거완료 (pretérito pluscuamperfecto)

과거완료(대과거)의 개념은 서술하는 과거시점 보다 상황이 완료된 더 이전 과거를 언급할 때 사용합니다. 과거완료의 형태는 [haber 동사의 불완료과거+과거분사] 입니다.

인칭	haber 불완료과거
(yo)	había
(tú)	habías
(él, ella, usted)	había
(nosotr@s)	habíamos
(vosotr@s)	habíais
(ellos, ellas, ustedes)	habían

▶ *Sirenita siempre había escuchado las historias de su abuela y sus hermanas sobre la superficie del mar.*
　시레니따는 항상 할머니와 언니들을 통해 수면에 대한 이야기를 들어왔다.

▶ *Cuando llegué a casa mis hermanos ya habían terminado la cena.*
　내가 집에 도착했을 때 동생들은 이미 저녁식사를 끝냈었다.

Vocabularios

curios@ 호기심이 많은(강한)
sobre ~의 위에, ~에 관해(대해)
conforme 적합한(+a), 만족한(+con)
quería 동사 querer(원하다, 바라다, 좋아하다)의 불완료과거 1, 3인칭 단수
el **lugar** 장소, 곳
el **sitio** 장소, 곳, 지역 - *el* **sitio web** 웹사이트
la **zona** 지역, 구역
el **área** 지역, 구역, 아르(단위) - 여성명사이기 때문에 복수일 때는 las áreas
recordaba 동사 recordar(기억하다, 상기시키다)의 불완료과거 1, 3인칭 단수
el **peligro** 위험
correr peligro 위험에 처하다, 위험에 노출되어 있다
desobedecía 동사 desobedecer(불복하다, 순종하지 않다)의 불완료과거 1, 3인칭 단수
paciente 인내심(참을성)이 있는
el/la **paciente** 환자, 병자

Al fin Sirenita cumplió la mayoría de edad

5. 드디어 성인이 된 인어공주

Cuando al fin llegó el día en que Sirenita cumplió la mayoría

de edad su padre le advirtió:

"El mundo de allá arriba no nos pertenece y

 solo podemos apreciarlo,

no te acerques a los humanos."

　　　　　al fin　　　　　　　　　　　　　　　　　　　　le advirtió
드디어 시레니따가 성인이 되는 날이 됐을 때 그녀의 아버지는 그녀에게 주의를 줬어요.
　　　　　allá arriba
" 저 위 의 세상은 우리에게 속해 있지 않기 때문에 그냥 감상만 할 수 있단다. 인간들에게는
　　　　　　　no te acerques
접근하지 말거라."

| **mayoría de edad**　성인, 성년

mayor de edad과 같은 의미입니다.

| 장소부사(adverbios de lugar)

aquí | 여기, 이곳, 이곳에

　　말하는 사람(화자)의 장소를 나타냅니다.

　▶ *Aquí tengo los informes que me pediste.*　나에게 요청한 보고서 여기에 있어.
　　　* 이 예문에서 aquí는 지금 바로 여기 나(화자)에게 있다는 의미입니다.

　▶ *Aquí (dentro) hace más frío que en la calle.*　여기 안은 거리보다 더 춥다.
　　　* 이 예문에서 aquí는 지금 나 또는 우리(화자)가 있는 곳을 의미합니다.

acá | 이곳에, 이쪽에

말하는 사람(화자)의 위치를 나타내지만 정확하지 않은 장소를 나타냅니다.

▶ *Acá tengo los informes que me pediste.* 나에게 요청한 보고서 여기(이쪽에) 있어.

* 이 예문에서 acá는 손에 있는 것인지, 근처에 있는 것인지 정확하게 알 수가 없습니다.

▶ *Acá hace más frío que en la calle.* 여기는 거리보다 더 춥다.

* 이 예문에서 acá의 위치는 어느 장소 안에 있는 것인지 명확하지 않으며 전체적으로 '이 곳, 여기'를 의미합니다.

ahí | 거기에, 그 쪽에

말하는 사람(화자)으로부터 떨어져 있는 장소를 가리키지만 비교적 가까운(짧은) 거리를 가리킵니다.

▶ *El informe que me pediste lo dejé ahí.* 나에게 요청한 보고서는 거기에 뒀어.

* 이 예문에서 ahí는 내 시선에서 벗어나지 않는 곳을 의미합니다.

▶ *Ahí (adentro) hace más calor que en la calle.* 거기 안은 거리보다 더 덥다.

* 이 예문에서 ahí는 내가 가리키고 있는 그 장소(위치)를 의미합니다.

allí | 저기, 저쪽에, 저 곳에

명확하지 않으며, 말하는 사람(화자)으로부터 조금 더 멀리 떨어진 곳을 가리킵니다.

▶ *No tengo el informe que me pediste conmigo, lo dejé allí en la oficina.*
나에게 요청한 보고서는 지금 나한테 없고 저기 사무실에 놓아두었어.

▶ *Allí (en la ofi cina) hace más calor que en la calle.* 저기 사무실은 거리보다 더 덥다.

* 위 두 예문에서 allí는 시선에서 보이지 않는 곳을 의미합니다.

allá | 저리, 저쪽으로, 저 곳에

allí보다 더 불명확하며, 말하는 사람(화자)으로부터 더 멀리 떨어진 곳을 가리킵니다.

▶ *El informe que me pediste lo dejé allá en la oficina.*
나에게 요청한 보고서는 저기 사무실에 놓아두었어.

▶ *Allá (en la oficina) hace más calor que en la calle.* 저기 사무실은 거리보다 더 덥다.

* 위 두 예문에서 allá는 대화하는 사람의 장소에서 정확하게 어디인지는 가리키지 않고, 더 멀리 떨어져 있는 사무실 어딘가를 가리키고 있습니다.

Vocabularios

al fin 드디어, 마침내

cumplió 동사 cumplir(실행(이행)하다, 기한이 되다)의 단순과거 3인칭 단수

advirtió 동사 advertir(주의하다, 경고하다, 충고하다)의 단순과거 3인칭 단수

aconsejar 충고(권고)하다, 조언하다

sugerir 제안하다, 권하다, 권고(충고)하다

el **mundo** 세계, 세상, 천체

pertenece 동사 pertenecer(속하다)의 단순현재 3인칭 단수

apreciar 평가하다, 존중하다, 감상하다

no te acerques 동사 acercarse(접근하다, 다가오다, 다가가다)의 부정 명령형 2인칭
→긍정 명령형 2인칭 단수는 'acércate'

¿Por qué se habrá emocionado la Sirenita?

6. 인어공주의 가슴이 두근거린 이유

Sirenita muy emocionada nadó hacia la superficie y vio el cielo hermoso, todo era nuevo para ella, estaba tan feliz que quería seguir descubriendo nuevas cosas.

De pronto escuchó el sonido de muchas voces que se acercaban, era un gran barco que traía consigo una gran tripulación.

Sirenita los vio y se emocionó al escucharlos y quería acercarse a ellos para conversar, pero se dio cuenta de que ella era muy diferente, tenía una gran cola de pez y por lo mismo se quedó observando de lejos.

Desde ahí Sirenita pudo ver a un joven muy apuesto y quedó impactada con el rostro de aquel muchacho, él era el Príncipe.

Sirenita sintió en su corazón una sensación muy hermosa y decidió atesorar ese momento en lo más profundo de su alma.

시레니따는 아주 설레는 마음으로 수면을 향해 헤엄쳐 올라갔고 아름다운 하늘을 보았죠.

그녀에겐 모든 게 새로웠고 기쁨에 젖어 새로운 것들을 계속 알아가길 원했습니다.

그 때 갑자기 여러 목소리가 가까워지는 것을 들었는데 이는 많은 선원들을 태운 커다란 배에서 들려오는 소리였어요.

이를 보고 들은 시레니따는 마음이 동요돼 그들에게 다가가 대화를 나누고 싶어졌습니다. 하지만 커다란 물고기 꼬리를 가져 그들과는 아주 다르다는 것을 느낀 그녀는 그냥 먼발치에서 바라만보고 있었죠. 그러던 중 시레니따는 용모가 매우 수려한 한 젊은이를 보게 되었고, 그 젊은이의 얼굴에 충격을 받았어요. 그는 왕자였던 것이에요. 시레니따는 마음으로부터 아주 아름다운 감정을 느꼈고 그 순간을 영혼 가장 깊은 곳에 간직하기로 결심했습니다.

| 단순과거와 불완료과거 비교 |

스페인어에서 단순과거와 불완료과거를 구분하여 적용하는 것은 가장 어려운 주제 중 하나로 꼽힙니다. 예시와 함께 알아봅시다.

1. 과거에서 습관적, 반복적인 행위 또는 행동 → 불완료과거

▶ *Cuando era pequeño **me asomaba** la cabeza a la ventana por las noches.*
어렸을 때 밤이 되면 난 창문으로 머리를 내밀곤 했다.

2. 과거에서 정확한 또는 명확한 행위 → 단순과거

▶ *Una noche, cuando era pequeña, después de ver la película de Peter Pan, **me asomé** la cabeza a la ventana.*
어렸을 적 어느 밤에 난 피터팬 영화를 본 후 창문으로 머리를 내밀었다.

3. 정해진 횟수의 반복적인 행위 → 단순과거

▶ *Cuando era pequeña, **fui** a Barcelona tres veranos seguidos para visitar a mis abuelos.* 어렸을 때 난 할아버지 할머니 댁을 방문하기 위해 바르셀로나에 여름에만 3번 연속으로 갔다.
 * 반복적인 행위지만 '정해진 횟수'를 통해 시간에 한정된 범위가 있다면 단순과거를 사용합니다.

4. 과정, 기간 중에 일어난 행위 → 불완료과거

▶ *A medida que él **hablaba** de lo sucedido, el otro **lo miraba** como si fuera un extraterrestre.* 그가 일어난 일에 대해 이야기할수록 다른 사람은 그를 외계인 보듯이 보고 있었다.
 * 행위가 아직 완료되지 않은 상황, 과정에 있는 상황을 표현할 때는 불완료과거를 사용합니다.

5. 완료된 과거의 행위, 행동에 대해 이야기할 때 → 단순과거

▶ *La semana pasada **hice** la rutina de siempre: **trabajé, comí, salí** a tomar unas copas con unos amigos.*
지난 주 난 일하고 먹고 친구들과 함께 한 잔도 하면서 여느 때처럼 일상을 보냈다.

6. 과거의 특징을 묘사할 때 → 불완료과거

▶ *Me quedé enamorada cuando lo vi:* **él estaba** *muy guapo y* **llevaba** *unos pantalones que* **le quedaban** *tan bien.*
난 그를 봤을 때 첫 눈에 반해버렸다. 그는 매우 잘생겼고 너무나도 잘 맞는 바지를 입고 있었다.

* estaba muy guapo / llevaba unos pantalones / le quedaban tan bien 모두 행위를 표현하기 보다 특징을 묘사하고 있습니다.

7. 시작은 하였으나 끝이 나지 않은 행위 → 불완료과거

▶ *El presidente* **explicaba** *los sucesos, cuando una notica de última hora interrumpió su discurso.* 대통령이 결과에 대해 설명하던 중 한 속보가 그의 연설을 중단시켰다.

* 연설은 중단되었지만(단순과거 사용) 대통령의 설명은 끝나지 않은 상황입니다.

8. 완결이 된 행위 → 단순과거

▶ *Ella* **escribió** *un artículo sobre la discriminación y lo* **publicó** *hace unas semanas en una revista.* 그녀는 인종차별에 대한 논설(기사)를 썼고 몇 주전 한 잡지에 그것을 보도했다.

* '연장(지속)되는 행위'에 대해서는 불완료과거를, '완결이 된 행위'에 대해서는 단순과거를 쓰지만 단순과거 또한 연장되는 행위에 대해 적용할 수 있습니다. 다만, 이 경우 '범위가 정해진 시간 내에서 지속된 행위'에 적용할 수 있습니다.

▶ *Habló durante toda la tarde.* 그(그녀)는 오후 내내 말을 하였다.
▶ *Escribió historias toda su vida.* 그(그녀)는 평생(일생동안) 역사를 저술했다.

Vocabularios

emocionad@ 감동한, 감격에 젖은, 가슴이 떨리는
nadó 동사 nadar(헤엄치다, 수영하다)의 단순과거 3인칭 단수
hacia ~쪽으로, ~을 향해, ~(시) 경에
quería 동사 querer(원하다, 바라다)의 불완료과거 1, 3인칭 단수
seguir 뒤를 따르다, (시작된 것을) 계속하다
descubriendo 동사 descubrir(찾다, 찾아내다, 발견하다, 밝혀 내다)의 현재 분사
acercaban 동사 acercar(다가오다, 가까이하다, 접근시키다)의 불완료과거 3인칭 복수
traía 동사 traer(가져오다)의 불완료과거 1, 3인칭 단수
consigo (그, 그녀)자기 자신과 함께 →주어가 3인칭일 때
la **tripulación**=*el/la* **tripulante** 승무원, 선원
impactad@ 충격을 받은
el/la **capitán** 선장, 대장, 주장
apuesto 말끔한, 수려한, 빼어나게 아름다운
el **rostro** 얼굴
la **impresión** 느낌, 인상, 인쇄
atesorar 저축하다, 보존하다, 간직하다
por lo mismo 그래서, 그러므로
la **sensación** 느낌, 인상
el **marinero** 선원, 뱃사람
la **insensibilidad** 무감각, 무관심

Naufragio del barco del Príncipe

7. 난파된 왕자의 배

De pronto vino una gran tormenta, las olas del mar eran inmensas,

el barco comenzó a moverse de un lado para otro

hasta que finalmente se hundió en lo profundo del mar.

　　　　　de pronto　　　　　　　　las olas del mar　　de un lado para otro
그 때 갑자기 큰 폭풍이 몰아쳤고 거대한 파도가 일자 배가 이리저리 기울다가 결국
　　　　　　lo profundo del mar
깊은 바다 속 으로 침몰하고 말았습니다.

Vocabularios

la ola 파도, 물결
inmens@ 매우 큰(넓은)
moverse 움직이다, 흔들리다
de un lado para otro 이리저리
de aquí para allí/allá 이곳 저곳, 여기저기, 정처 없이
se hundió 동사 hundirse(가라앉다, 침몰하다, 무너지다)의 단순과거 3인칭 단수

La Sirenita rescata al Príncipe del peligro

8. 위험에 빠진 왕자를 구한 인어공주

Sirenita, se dio cuenta de la tragedia y en ese momento recordó al apuesto joven que había visto, entonces rápidamente se sumergió y nadó velozmente hasta donde se encontraba para rescatarlo.

Inmediatamente subió a la superficie y lo llevó a la orilla del mar, frotó sus manos para intentar despertarlo, pero de pronto escuchó unas voces que se acercaban y ella se alejó inmediatamente de ahí.
A lo lejos ella vio como unas chicas se acercaron a él y el Príncipe creyó que ellas lo habían rescatado.

　　　　　　　　　se dio cuenta de　　en ese momento
이 비극을 알게 된 시레니따는 순간 자신이 봤던 용모가 수려한 젊은이를 떠올렸고 바로 잠수
　　　　　　　　　　　　　　　　　había visto
하여 그를 구하기 위해 빠른 속도로 배가 침몰한 곳으로 헤엄쳐 갔어요.

　　　　　　　　　　　　　　la orilla del mar　　　　　　frotó sus manos
그를 바로 수면으로 올린 그녀는 해안가로 데려가 그를 깨우기 위해 손을 비볐죠. 하지만

　　　de pronto
그 때 가까워지는 목소리를 들었고, 그녀는 곧바로 그 자리에서 멀리 피했습니다. 그녀는

　　　a lo lejos
멀리서 왕자에게 다가가는 한 무리의 소녀들을 보았고 왕자는 그 소녀들이 자신을 구해준 것

으로 믿었습니다.

> **recordar a**　~을 기억하다, 떠올리다, 회상하다

▶ *No recuerdo la fecha.*　날짜가 생각이 안 난다.

▶ *¿Me recuerdas?*　너는 나를 기억하니?

▶ *No recuerdo a tu mamá.*　너희 어머니가 기억이 안 난다.

Vocabularios

la **tragedia** 비극, 참사
la **catástrofe** 참사, 재앙, 재난
el **desastre** 재해, 재난, 재앙
el **accidente** 사고, 사건, 재해, 재난
rápidamente 빨리, 신속하게, 즉시, 바로 ↔ **lentamente** 느리게, 천천히
se sumergió 동사 sumergirse(잠수하다, 가라앉다)의 단순과거 3인칭 단수
velozmente 빨리, 신속히, 민첩하게 ↔ **despacio** 천천히, 느릿느릿, 조금씩, 점점
rescatar 구출하다, 구해내다, 되찾다, 탈환하다
salvar 구하다, 구조하다
redimir 구출하다, 몸값을 치르다
la **orilla** 끝, 가장자리, 언저리 - **la orilla del mar** 해안, 해변, 바닷가
frotó 동사 frotar(문지르다, 비비다)의 단순과거 3인칭 단수
se alejó 동사 alejarse(멀어지다, 멀리하다)의 단순과거 3인칭 단수
a lo lejos 멀리, 멀리에, 멀리서
un@s 약간의, 몇, 일부
creyó 동사 creer(믿다, ~라 생각하다)의 단순과거 3인칭 단수

El acuerdo peligroso de la Sirenita

9. 인어공주의 위험한 거래

Sirenita subía todos los días a la superficie,

anhelaba ver de nuevo al Príncipe, pero nunca lo vio.

Sirenita lloraba todos los días porque estaba tan enamorada

del Príncipe que haría lo que fuera con tal de verlo nuevamente.

Tal fue su desesperación que un día fue a ver a la bruja

del mar para que le ayudara a ser humana y así pudiera

ver al Príncipe, estaba dispuesta a hacer cualquier cosa

con tal de obtener lo que deseaba.

시레니따는 매일 수면으로 올라와 다시 한번 왕자를 보기를 원했지만 다시는 볼 수 없었어요. (todos los días / nunca lo vio)

시레니따는 다시 한번 볼 수만 있다면 무엇이라도 할 수 있을 만큼 왕자를 사랑했기에 눈물의 나날을 보내고 있었습니다. 이렇게 절망하던 그녀는 어느 날 인간이 되게 도와달라며 바다의 마녀를 찾아갔어요. 그렇게 되면 왕자를 볼 수 있을까 해서였습니다. 원하던 바를 이루기 위해서는 어떤 것이라도 할 준비가 되어있었어요. (con tal de / lo que fuera / un día / para que le ayudara / lo que deseaba / con tal de / cualquier cosa)

> **lo que fuera** 무엇이 됐든, 무엇이라도, 뭐든지

어떤 특정한 대상이 없으므로 중성형 관사를 쓰며 아직 현실적이지 않은 것에 대한 상황을 표현하기 때문에 ser동사의 접속법 형태로 표현합니다. 일반적으로 앞에 조건법(가능법) 동사가 붙어 '무엇이라도(뭐든지) ~할 것이다(할 수 있다, 할 텐데)'라는 뜻으로 사용합니다.

- *Yo haría lo que fuera si tú lo deseas.* 네가 원하는 것이라면 뭐든지 할 수 있어.
- *Yo daría lo que fuera por volverte a ver.* 너를 다시 볼 수만 있다면 무엇이라도 줄 수 있을 텐데.

   * lo que fuera와 유사한 표현으로 cualquier cosa(어떤 것이라도, 아무것이라도)가 있습니다.

La Sirenita

cualquier cosa

cualquiera(어떤 것이라도)는 단수명사 앞에서 -a가 탈락되어 명사의 성별에 관계없이 culaquier로 사용합니다. 단, 명사 뒤에 위치할 경우에는 cualquiera 그대로 사용합니다.

- ▶ *cualquiera cosa (X)*   *cualquiera proyecto (X)*
- ▶ *cualquier cosa (O)*   *cualquier proyecto (O)*
- ▶ *una cosa cualquiera (O)*   *un proyecto cualquiera (O)*

복수명사와 함께 쓸 대는 명사의 성에 관계없이 cualesquiera를 사용합니다.

- ▶ *un**os** proyect**os** cual**es**quiera*

Vocabularios

subía 동사 subir(올라가다, 올라오다)의 불완료과거 1, 3인칭 단수
anhelaba 동사 anhelar(갈망(열망)하다)의 불완료과거 1, 3인칭 단수
otra vez 다시
lloraba 동사 llorar(울다, 눈물을 흘리다)의 불완료과거 1, 3인칭 단수
tal 그렇게, 이렇게, 이런 식으로 - [형용사] 그런, 이런, 이와 같은
la **angustia** 고뇌, 고민, 불안, 초조, 괴로움
ayudara 동사 ayudar(돕다, 도와주다)의 접속법 불완료과거 1, 3인칭 단수
pudiera 동사 poder(~할 수 있다)의 접속법 불완료과거 1, 3인칭 단수
preparad@ 준비된

todo el día 하루 종일
de nuevo 다시
nuevamente 다시, 새롭게
con tal de (que) ~하는 조건으로, ~하면
la **desesperación** 절망, 불안, 조바심
la **impaciencia** 조급함, 초소, 소바심
human@ 인간의, 사람의, 인간과 같은
dispuest@ 준비가 된, 용의가 있는
list@ 준비된, 완료된

Intercambiar el amor por su voz

10. 목소리와 맞바꾼 사랑

La malvada bruja hizo un trato con ella, transformaría su cola en piernas para parecer humana a cambio de su melodiosa voz y además, si ella no conseguiría enamorar al Príncipe y este se casaría con alguna otra mujer, ella no podría regresar al mar y moriría.

Sirenita se asustó, pero estaba dispuesta a hacer cualquier cosa con tal de ver al Príncipe nuevamente, y pese a la angustia que sentía accedió a hacer el trato con ella.

　　　　　　　　　　　　　　　hizo un trato
사악한 마녀는 그녀와 거래를 했습니다. 그녀의 아름다운 목소리를 가져가는 대신

　　　　transformaría su cola en piernas　　a cambio de
꼬리를 다리로 바꿔서 인간처럼 보이게 하고 대신 만약 그녀가 왕자의 사랑을 얻지 못하고

왕자가 다른 어떤 여인과 결혼하게 되면 그녀는 바다로 돌아오지 못하고 죽을 것이라는 내용

　　　　　　　　　　　　　　　　　con tal de　　cualquier cosa
이었습니다. 시레니따는 너무 무서웠지만 왕자를 다시 보기 위해서라면 무엇이든 할 준비가 되

　　　　　　　　　　pese a la angustia　　accedió a
어있었죠. 그래서 그녀는 고민 끝에 마녀와의 거래를 받아들였습니다.

hacer un(el) trato　계약을 체결하다, 거래를 하다

▶ *Hicimos un trato con Samsung.*　우리는 삼성과 계약을 했다.

tener trato　교제를 하다, 관계가 있다

▶ *No tengo ganas de tener trato don celebridades.*　나는 유명인사와 관계를 맺고 싶지 않다.

transformar A en B　A를 B로 변형시키다, A를 B로 (고쳐)만들다

▶ *Mis padres transformaron la habitación en una sala.*　우리 부모님은 방을 거실로 바꾸었다.

estar dispuest@ a+동사원형   ~할 준비가 된 상태이다

▶ *Estoy dispuest@ a hacer ejercicio.* 나는 운동 할 준비가 되어있다.

조건법(가능법)의 사용법과 해석

1. 현재 사실의 반대: ~할텐데
2. 정중한 표현: ~해 주시겠습니까?
3. 과거에서 본 미래: ~일거라고 생각했다.
4. 과거 추측: ~했을텐데

Vocabularios

hizo 동사 hacer(~하다, 만들다)의 단순과거 3인칭 단수

el **trato** 대우, 취급, 협정, 교제

transformaría 동사 transformar(바꾸다, 변형시키다)의 조건법(가능법) 1, 3인칭 단수

la **pierna** 다리(다리 전체)

el **pie** 발, 다리(발목 아래)

a cambio de ~ 대신에

melodio@ 아름다운 가락의, 선율의, 음악적인

conseguiría 동사 conseguir(얻다, 획득하다)의 조건법(가능법) 1, 3인칭 단수

moriría 동사 morir(죽다, 사망하다)의 조건법(가능법) 1, 3인칭 단수

se asustó 동사 asustarse(놀라다, 질겁하다)의 단순과거 3인칭 단수

dispuest@ 준비가 된

pese a(= a pesar) ~에도 불구하고, ~을 무릅쓰고

la **angustia** 고민, 걱정

accedió 동사 acceder(동의(승낙)하다, 도달하다, 접근하다)의 단순과거 3인칭 단수

Sirenita feliz aun sin poder hablar
11. 말은 못해도 그저 행복한 인어공주

Sirenita tomó la pócima que la malvada bruja le había preparado y cuando se dio cuenta, ella estaba a la orilla de la playa y en lugar de tener su gran cola de pez, ahora tenía dos piernas. El Príncipe que casualmente pasaba por ahí, la vio y no dudó en ayudarla, le preguntó si se encontraba bien y qué le había pasado. Ella intentó responder, pero había quedado sin voz por el hechizo.

El Príncipe la llevó a su castillo y dejó que viviera en el palacio real. Sirenita estaba tan emocionada de vivir en el mismo palacio del Príncipe y su corazón saltaba de alegría.

시레니따는 사악한 마녀가 준비해 둔 물약을 마셨고 정신을 차려보니 자신은 해안가에 있었고 [tomó la pócima] [cuando se dio cuenta]

커다란 물고기 꼬리 대신 이제는 두 다리를 가지고 있었어요. [en lugar de]

우연히 그 곳을 지나가던 왕자는 그녀를 보자 주저 없이 도움을 주러 다가와 그녀에게 괜찮은 지, [pasaba por ahí] [se encontraba bien]

무슨 일이 있었는지 물었습니다. 그녀는 대답을 하려 했지만 마법으로 인해 목소리를 잃었던 [pasaba por ahí] [sin voz]

것이었죠. 그러자 왕자는 그녀를 성으로 데려가 왕궁에서 지내도록 하였습니다. 시레니따는 왕

자와 같은 궁에서 산다는 것만으로도 매우 감동하며 기쁨으로 인해 심장이 크게 뛰었어요.

dejar que+접속법 ~하게하다

▶ *Deja que su hija cante.* 자녀가 노래하게 두세요.

▶ *Tienes que dejar que tu mujer hable.* 너는 아내가 말하게 놔둬야 한다.

pasar 사건이 일어나다

간접목적대명사+pasar 3인칭 단수=(누구)에게 (사건)이 일어나다

  ▶ *¿Qué te pasa?* 무슨 일이야? (너에게)

  ▶ *No me pasa nada.* 아무 일 없어. (나에게)

Vocabularios

tomó 동사 tomar(본문: 마시다)의 단순과거 3인칭 단수

tragar 삼키다, 마시다

la **costa** 해안

casualmente=por casualidad 우연히, 뜻밖에

pasaba 동사 pasar(사건이 일어나다)의 불완료과거 3인칭 단수

dudó 동사 dudar(의심하다, 주저하다, 망설이다)의 단순과거 3인칭 단수

viviera 동사 vivir(살다, 거주하다)의 접속법 과거 1, 3인칭 단수

saltaba 동사 saltar(뛰다, 뛰어넘다)의 불완료과거 1, 3인칭 단수

beber 마시다

la **playa** 해변, 바닷가, 해안

en lugar de ~ 대신에

Momento crítico de Sirenita sin voz

12. 목소리를 잃은 인어공주에게 닥친 위기

Apesar del tiempo que pasaba junto a la Sirenita,

el papá del Príncipe tenía otros planes para su hijo,

organizó un gran banquete en un barco para que su hijo pudiese conocer a

otras chicas y así casarse con alguna de ellas.

La fiesta comenzó y Sirenita no podía hacer nada para evitar esa situación

pues no tenía voz para decirle al Príncipe todo lo que había sucedido.

하지만 시레니따와 함께 지내던 시간에도 불구하고 왕자의 아버지는 자신의 아들에 대해 다른

계획을 가지고 있었고, 왕자가 다른 여인들과 알고 지내게 함으로써 그녀들 중 누군가와 결혼

을 할 수 있도록 배에서 거대한 연회를 열었습니다.

연회는 시작되었고 시레니따는 이런 상황을 막기 위해 할 수 있는 것이 아무것도 없었어요.

그녀는 자신이 겪었던 모든 일들에 대해 왕자에게 말해줄 목소리가 없었으니까요.

(junto a / a pesar de / alguna de ellas / no podía hacer nada / todo lo que había sucedido)

접속법(subjuntivo)

접속법은 직설법과는 반대로 확실하지 않은 즉, 가정, 상상, 추측 등과 같이 현실적인(irreal) 상황의 표현을 해야 할 때 사용되며, 선행 절인 직설법 주어절에 종속됩니다. 접속법 종속절은 보통 직설법 주어절과 주어가 다릅니다.

* 접속법에서의 동사 정의: 접속법의 동사는 또 다른 행위를 표현한 동사에 좌우되거나 예속되는 행동 또는 행위를 나타내며 여기서 '또 다른 행위를 표현한 동사'는 일반적으로 직설법의 동사를 말합니다.

▶ *Quiero que estudies.* 난 네가 공부하기를 원해.

= **Quiero** 나는 원한다 → 현실, 주절, 직설법 1인칭 단수

+ **que** 무엇을

+ **estudies** 네가 공부하는 것 → 비현실, 종속절, 접속법 2인칭 단수

1. 직설법 주어절

    El papá del Príncipe (주어) organizó un gran banquete en un barco (왕자의 아버지는) 배에서 거대한 연회를 열었다.

    organizó un gran banquete → 현실, 주절, 직설법 단순과거 3인칭 단수

2. 접속사

    para que 무엇을 위해

3. 접속법 종속절

    Su hijo(주어) pudiese conocer a otras chicas y así (pudiese 반복 생략됨) casarse con alguna de ellas. 그의 아들이 다른 여인들과 알게 하는 것과 이럼으로써 그녀 들 중 누군가와 결혼을 할 수 있도록

    pudiese conocer ... y así casarse → 비현실, 종속절, 접속법 불완료과거 3인칭 단수

Vocabularios

el **plan** 계획, 예정
para que ~하도록, ~하기 위해
organizó 동사 organizar(조직하다, 설립하다, 계획하다)의 단순과거 3인칭 단수
pudiese=pudiera 동사 poder(~할 수 있다)의 접속법 과거 1, 3인칭 단수
algun@ de ~중 누구, 어느(어떤) 것
evitar 막다, 피하다
eludir 모면하다, 피하다
afrontar 대항하다, 맞서다, 대질하다, 직면하다
pues ~때문에, 왜냐하면

La verdadera identidad de la dama

13. 아름다운 여인의 정체

Esa noche en el barco el Príncipe vio a una bella dama de la cual quedó perdidamente enamorado, esa dama era la bruja, transformada en una hermosa joven, que bajo toda circunstancia quería evitar que Sirenita se casara con el Príncipe.

Sirenita observaba todo eso de lejos y se sentía muy triste. A lo lejos vio a sus hermanas, ellas le dijeron que la chica de la cual se había enamorado el Príncipe era la bruja malvada y le dijeron que había una forma de romper el hechizo.

그날 저녁 배에서 왕자는 한 아름다운 여인을 보고 홀딱 반해버렸는데 그 여인은 아름다운 젊은 여인으로 변신한 마녀였습니다. 무슨 일이 있어도 시레니따가 왕자와 결혼하는 것을 방해하고 싶었던 것이었죠. 멀리서 모든 것을 지켜본 시레니따는 큰 슬픔에 빠졌습니다.

그리고 멀리 있는 그녀의 언니들을 보았고 언니들은 그녀에게 왕자가 사랑에 빠진 여인은 사악한 마녀이며 마법을 깰 수 있는 한 가지 방법이 있다고 귀띔해줬습니다.

bajo toda circunstancia

직역으로 보면 '모든 상황하에' 라는 뜻이 되는데 이는 '어떠한(모든) 상황에서도' 라는 의미로 쓰입니다. 즉, '무슨 일이 있어도' 라는 뜻입니다.

관계대명사(los pronombres relativos)

관계대명사는 두 문장을 하나로 연결해 주는 역할을 하며 뒤에 오는 종속절은 주절의 선행사(명사)에 대한 정보나 평가를 제공하여 수식하게 됩니다.

que | 가장 흔하게 그리고 많이 사용되며 대상은 사물, 사람 모두 포함됩니다. 주절의 주어가 될 수도 있고 목적어가 될 수도 있습니다.

- *El hombre que está allí es mi hermano.* 저기에 있는 남자는 내 동생이다.
- *El alumno que estudió recibió buenas notas.* 공부를 한 학생은 좋은 성적을 받았다.
- *El profesor de español, que también enseña ruso, estudiaba en la Universidad de Buenos Aires.* 러시아어도 가르치는 스페인어 교수는 부에노스 아이레스 대학에서 공부를 했었다.

el que, los que, la que, las que | 이미 언급이 된 명사를 가리키며 반복을 피하기 위해 사용됩니다. 수식하는 명사의 성과 수에 따라 관사를 맞춰 사용합니다.

- *¿Tomaste el examen de español?* 스페인어 시험 봤니?
  No, el que tomé era de matemáticas. 아니, 내가 본 시험은 수학이었어.
- *¿Tienes una lapicera verde?* 초록색 볼펜 가지고 있어?
  No, la que tengo es roja. 아니, 내가 가진 볼펜은 빨간색이야.
- *¿Son españolas esas mujeres?* 저 여자들 스페인 사람이지?
  ¿Cuáles? ¿Las que hablan allí? 어떤 사람? 저기에서 말하는 여자들?

lo que | 특정 명사를 수식하는 것이 아닌 생각, 의도, 행동 또는 개념을 가리킵니다. '~한 것, ~인 것' 이라는 뜻을 가지고 있습니다.

- *Lo que necesitamos es más tiempo.* 우리가 필요한 것은 추가 시간이다.
- *Lo que él me dijo era pura mentira.* 그가 내게 말한 것은 전부 거짓이었다.

quien, quienes | 오로지 사람만을 가리키며 설명(삽입)적 어구가 있는 문장이나 구두점(coma)이 표시된 문장에만 사용합니다. quien과 quienes는 que로 대체하여 쓸 수 있습니다. 수식하는 명사의 수에 맞춰 사용합니다.

- *Mi tío, quien era escritor, vivía en Ciudad de México.*
- *Mi tío, que era escritor, vivía en Ciudad de México.*
  작가였던 나의 삼촌은 멕시코시티에 살았었다.
- *Esas mujeres, quienes están en el balcón, son muy ricas.*
- *Esas mujeres, que están en el balcón, son muy ricas.*
  발코니에 있는 저 여자들은 매우 부자들이다.

cuyo, cuyos, cuya, cuyas | 수식하는 명사의 소유, 소유물을 나타낼 때 사용합니다. 성, 수는 수식하는 명사(소유주)가 아닌 소유물에 맞춰 사용해야 합니다.

▶ *La mujer, cuyo hijo se viste de pantalones negros, es gitana.*
검은색 바지를 입는 아들을 둔 여자는 집시이다.

▶ *El hijo cuyos padres son ricos, será rico también.*
부자 부모님을 둔 아들도 장차 부자가 될 것이다.

▶ *El alumno cuya silla está en el frente de la clase se llama Miguel.*
교실 맨 앞에 자리를 둔 학생의 이름은 미겔이다.

▶ *Ese hombre, cuyas hijas son todas rubias, es vecino nuestro.*
모두 금발의 딸들을 가진 저 사람은 우리 이웃이다.

donde | 장소를 가리키며 en que, en el cual, en la cual, en los cuales, en las cuales로 대체하여 사용할 수 있습니다.

▶ *El pueblo donde yo crecí, es ahora una ciudad.*
▶ *El pueblo en que yo crecí, es ahora una ciudad.*
▶ *El pueblo en el cual yo crecí, es ahora una ciudad.*
내가 성장한 마을은 지금은 도시이다(도시가 됐다).

+ 관계대명사 앞에 a, de, en, con과 같은 전치사가 붙기도 하는데 어떤 전치사들이 붙는지에 대한 여부는 종속절에 있는 동사와 관련이 있습니다.

El pueblo en que yo crecí, es ahora una ciudad과 같은 문장에서 en이 붙은 것은 crecí 동사와 관련이 있는 것입니다. '내가 성장한 마을은 지금은 도시이다.'는 [나는 마을에서 성장했다+마을은 지금은 도시이다]의 두 문장을 하나로 이은 것이죠. '나는 마을에서 성장했다'를 스페인어로 보면 Yo crecí en el pueblo이며 여기서 동사 뒤 목적어에 쓰인 전치사 en을 그대로 적용시킨 것입니다.

더 복합적인 본문 문장을 예로 보면,
El Príncipe vio a una bella dama de la cual quedó perdidamente enamorado.
'왕자는 한 아름다운 여인을 보고 홀딱 반해버렸다'를 두 문장으로 나눕니다.

> El Príncipe vio a una bella dama
> 왕자는 한 아름다운 여인을 봤다

+

> El Príncipe quedó perdidamente enamorado de una bella dama
> 왕자는 한 아름다운 여인에게 홀딱 반해버렸다

이처럼 종속절이 수식하는 bella dama에게 사랑에 빠졌다는 표현은 [quedar+enamorado+de]가 됩니다. 따라서 두 문장을 하나로 이었을 때 관계대명사 앞에 전치사 de를 붙여주는 것입니다.
결론으로 종속절이 수식하는 명사를 종속절의 동사와 대입했을 때 쓰이는 전치사를 구분하면 됩니다.

Vocabularios

la dama 부인, 귀부인, 여인
¡damas y caballeros! 신사 숙녀 여러분!
bajo ~하에, ~아래
evitar 피하다, 회피하다, 막다
se casara 동사 casarse(혼인(결혼)하다)의 접속법 과거 1, 3인칭 단수
observaba 동사 observar(관찰하다, 지켜보다)의 과거 1, 3인칭 단수
la forma 방법, 방식, 형식

el caballero 신사, 귀족, 남성
perdidamente 정신없이, 홀딱 빠져
la circunstancia 상황, 사정

La única forma de romper el hechizo: 'El beso'

14. 마법을 풀 수 있는 단 한가지 방법 '키스'

Ellas le dijeron que, si ella besaba al Príncipe,

el corazón de él quedaría ligado al de ella.

Sirenita podría recuperar su voz y contarle al Príncipe lo que había sucedido.

언니들은 만약 그녀가 왕자에게 입맞춘다면 왕자의 마음이 그녀의 마음과 연결될 것이라고

말해줬죠. 그러면 시레니따는 목소리를 되찾아 왕자에게 <u>그 동안 일어났던 일들</u>을 이야기해줄 (lo que había sucedido)

수 있을 것이라고요.

lo que+과거완료 ~했던 것

▶ *Lo que había dicho antes* 예전에 말 했던 것
▶ *Lo que había comprado* (내가, 그, 그녀가) 샀었던 것
▶ *Lo que habíamos hacho antes* 예전에 우리가 했던(만들었던) 것

Vocabularios

besaba 동사 besar(키스하다, 입맞추다)의 불완료과거 1, 3인칭 단수
ligad@ 연결된, 결박된
conex@ 관련된, 연결된
recobrar 만회하다, 되찾다, 회복하다

unid@ 연합한, 결합한, 뭉친
recuperar 회복하다, 되찾다
empeorar 악화시키다, 더 나쁘게 하다

La Sirenita liberada del hachizo

15. 마법이 풀린 인어공주

Así que en ese momento, corrió hacia donde estaba el Príncipe y lo besó, inmediatamente el hechizo de la bruja se rompió y aquella dama de la cual se había enamorado el Príncipe quedó descubierta como la bruja malvada.

Todos los invitados estaban realmente sorprendidos por la que había sucedido.

La pequeña Sirenita le contó al Príncipe lo que había pasado desde aquel naufragio, él recordó todo desde aquel instante y se enamoró de ella perdidamente.

이를 들은 순간 그녀는 왕자가 있는 곳으로(hacia donde) 달려가 키스를 했고 마녀의 마법이 풀리며 왕자가

사랑에 빠졌던 여인은 사악한 마녀(la bruja malvada)의 본래 모습으로 드러나게 됐습니다.

순식간에 일어난 일들로 모든 초대 손님들은 깜짝 놀랐습니다. 시레니따는 배가 난파됐던 순간부터 일어났던 일들(lo que había pasado)을 왕자에게 이야기해 줬고 왕자는 그 순간 모든 기억을 떠올리며 그녀와 사랑에 빠지게 됐습니다(se enamoró de ella).

---

estar sorprendid@(s) por ~때문에 놀라다

▶ *Estoy muy sorprendida por las notas.* 나는 소식들에 매우 놀랐다.
▶ *Estamos muy sorprendidos por la noticia.* 우리는 소식에 매우 놀랐다.

---

enamorarse de+사람+perdidamente ~에게 홀딱 반하다

▶ *¿Te has enamorado de un guaperas perdidamente?* 너는 허세부리는 사람에게 홀딱 반해버린 거야?
▶ *Me he enamorado de ti perdidamente.* 나는 너에게 홀딱 빠져버렸다.

Vocabularios

corrió 동사 correr(달리다, 뛰다)의 단순과거 3인칭 단수
besó 동사 besar(키스하다, 입맞추다)의 단순과거 3인칭 단수
revelad@ 알려진, 밝혀진, 드러난
el **naufragio** 난파, 조난

descubiert@ 발견된, 드러난, 밝혀진
sorprendid@ 놀란
perdidamente 열심히, 홀딱 빠져서

La conversión de la Sirenita en humana

16. 인간이 된 인어공주

El rey del mar aceptó que su hija se convirtiera en humana,

puesto que había encontrado a un chico al que amaba.

Días después se comenzaron a realizar los preparativos para la boda;

y semanas después, el Príncipe y Sirenita

se casaron y vivieron felices para siempre.

바다 임금님은 자신의 딸이 사랑하는 사람을 만났기 때문에 인어공주가 인간이 되는 것을
받아들이기로 했습니다. 며칠 후 결혼식을 위한 준비가 시작됐고 몇 주 후 왕자와 시레니따는
혼인하여 평생 행복하게 살았습니다.

주석: puesto que, se convirtiera en humana, días después, Semanas después, para siempre

convertirse en ~로 바뀌다

▶ *El fracaso puede convertirse en un gran éxito.* 실패는 큰 성공이 될 수 있다.

▶ *El papel usado se puede convertirse en un rollo de papel-higiénico.*
사용한 종이는 휴지가 될 수 있다.

▶ *La falta de seguridad se convierte en un problema.* 보안 의 부족은 문제가 된다.

Vocabularios

aceptó 동사 aceptar(받아들이다, 수락하다)의 단순과거 3인칭 단수
admitir 시인하다, 승낙하다, 수락하다
rechazar 거절하다, 물리치다
se convirtiera 동사 convertirse(변하다, 바뀌다)의 접속법 과거 1, 3인칭 단수
puesto que ~때문에, 왜냐하면, ~한 이상
el **preparativo** 준비

negar 부정하다, 부인하다, 거절하다
realizar 실행하다
la **boda** 결혼식

La Sirenita 인어공주

Silvia

원어민 (남)

원어민 (여)

Había una vez en el fondo del mar un reino mágico, que nadie conocía. Un lugar extraordinario rodeado de muchos animales y plantas acuáticas hermosas, en medio de ese lugar había un castillo donde se encontraba el rey del mar. Era un palacio hermoso, donde reinaban la paz y la tranquilidad.

El rey del mar vivía con sus seis hijas y su madre y todos gozaban de una felicidad inigualable. Todos los días ellas jugaban con los diferentes animales del mar y disfrutaban ver los corales, estrellas de mar y esponjas marinas. Todas las hijas del rey del mar eran bellísimas en especial la más pequeña de todas, Sirenita. Ella tenía la piel suave y blanca y hermosos ojos azules, además, tenía una voz hermosa y al igual que sus hermanas sirenas tenía cola de pez.

El rey del mar amaba mucho a sus hijas y le preocupaba una sola cosa: Que sus hijas salieran a la superficie del mar y se encontraran con los humanos, él sabía que los humanos podían lastimar a sus preciosas hijas. Por esta razón las hijas del rey del mar tenían prohibido subir a la superficie antes de ser mayores de edad.

Sirenita era muy curiosa y siempre había escuchado las historias de su abuela y sus hermanas sobre la superficie del mar, pero ella no estaba conforme con lo que escuchaba, ella quería conocer el lugar del que tanto había escuchado. Su abuela siempre le recordaba el peligro que corría si ella desobedecía, Sirenita debía ser paciente y esperar a cumplir con la edad para poder salir.

Cuando al fin llegó el día en que Sirenita cumplió la mayoría de edad su padre le advirtió: "El mundo de allá arriba no nos pertenece y solo podemos apreciarlo, no te acerques a los humanos." Sirenita muy emocionada nadó hacia la superficie y vio el cielo hermoso, todo era nuevo para ella, estaba tan feliz que quería seguir descubriendo nuevas cosas. De pronto escuchó el sonido de muchas voces que se acercaban, era un gran barco que traía consigo una gran tripulación. Sirenita los vio y se emocionó al escucharlos y quería acercarse a ellos para conversar, pero se dio cuenta de que ella era muy diferente, tenía una gran cola de pez y por lo mismo se quedó observando de lejos. Desde ahí Sirenita pudo ver a un joven muy apuesto y quedó impactada con el rostro de

La Sirenita 인어공주

aquel muchacho, él era el Príncipe. Sirenita sintió en su corazón una sensación muy hermosa y decidió atesorar ese momento en lo más profundo de su alma.

De pronto vino una gran tormenta, las olas del mar eran inmensas, el barco comenzó a moverse de un lado para otro hasta que finalmente se hundió en lo profundo del mar.

Sirenita, se dio cuenta de la tragedia y en ese momento recordó al apuesto joven que había visto, entonces rápidamente se sumergió y nadó velozmente hasta donde se encontraba para rescatarlo. Inmediatamente subió a la superficie y lo llevó a la orilla del mar, frotó sus manos para intentar despertarlo, pero de pronto escuchó unas voces que se acercaban y ella se alejó inmediatamente de ahí. A lo lejos ella vio como unas chicas se acercaron a él y el Príncipe creyó que ellas lo habían rescatado.

Sirenita subía todos los días a la superficie, anhelaba ver de nuevo al Príncipe,

pero nunca lo vio, Sirenita lloraba todos los días porque estaba tan enamorada del Príncipe que haría lo que fuera con tal de verlo nuevamente. Tal fue su desesperación que un día fue a ver a la bruja del mar para que le ayudara a ser humana y así pudiera ver al Príncipe, estaba dispuesta a hacer cualquier cosa con tal de obtener lo que deseaba.

La malvada bruja hizo un trato con ella, transformaría su cola en piernas para parecer humana a cambio de su melodiosa voz y además si ella no conseguiría enamorar al Príncipe y este se casaría con alguna otra mujer, ella no podría regresar al mar y moriría. Sirenita se asustó, pero estaba dispuesta a hacer cualquier cosa con tal de ver al Príncipe nuevamente, y pese a la angustia que sentía accedió a hacer el trato con ella.

Sirenita tomó la pócima que la malvada bruja le había preparado y cuando se dio cuenta, ella estaba a la orilla de la playa y en lugar de tener su gran cola de pez, ahora tenía dos piernas. El Príncipe que casualmente pasaba por ahí, la vio y no

La Sirenita 인어공주

dudó en ayudarla, le preguntó si se encontraba bien y qué le había pasado. Ella intentó responder, pero había quedado sin voz por el hechizo. El Príncipe la llevó a su castillo y dejó que viviera en el palacio real. Sirenita estaba tan emocionada de vivir en el mismo palacio del Príncipe y su corazón saltaba de alegría.

A pesar del tiempo que pasaba junto a la Sirenita, el papá del Príncipe tenía otros planes para su hijo, organizó un gran banquete en un barco para que su hijo pudiese conocer a otras chicas y así casarse con alguna de ellas. La fiesta comenzó y Sirenita no podía hacer nada para evitar esa situación pues no tenía voz para decirle al Príncipe todo lo que había sucedido.

Esa noche en el barco el Príncipe vio a una bella dama de la cual quedó perdidamente enamorado, esa dama era la bruja, transformada en una hermosa joven, que bajo toda circunstancia quería evitar que Sirenita se casara con el Príncipe. Sirenita observaba todo eso de lejos y se sentía muy triste. A lo lejos vio a sus hermanas, ellas le dijeron que la chica de la cual se había enamorado el Príncipe

era la bruja malvada y le dijeron que había una forma de romper el hechizo.

Ellas le dijeron que, si ella besaba al Príncipe, el corazón de él quedaría ligado al de ella. Sirenita podría recuperar su voz y contarle al Príncipe lo que había sucedido.

Así que, en ese momento, corrió hacia donde estaba el Príncipe y lo besó, inmediatamente el hechizo de la bruja se rompió y aquella dama de la cual se había enamorado el Príncipe quedó descubierta como la bruja malvada. Todos los invitados estaban realmente sorprendidos por la que había sucedido. La pequeña Sirenita le contó al Príncipe lo que había pasado desde aquel naufragio, él recordó todo desde aquel instante y se enamoró de ella perdidamente. El rey del mar aceptó que su hija se convirtiera en humana, puesto que había encontrado a un chico al que amaba. Días después se comenzaron a realizar los preparativos para la boda; y semanas después, el Príncipe y Sirenita se casaron y vivieron felices para siempre.

La Bella y La Bestia 미녀와 야수

Vocabulario de uso cotidiano y nuevo 일상용어·최신어휘

el traje de baño
수영복

sentado lee un libro, leer un libro sentado
앉아서 책 읽다

la bicicleta(la bici)
자전거

atar(amarrar) la camisa en la cintura
허리에 셔츠를 두르다

beber un trago
음료수를 마시다

apoyar la mandíbula sobre la mano
턱을 괴다

los árboles frutales (el frutal)
과일나무

sacarse la lengua ("¡te engañé!")
혀를 내밀다(메롱)

el anillo
반지

cruzar las piernas
다리를 꼬다

embriagarse, emborracharse
술에 취하다

aplicar lápiz labial, pintarse los labios
립스틱을 바르다

maquillarse
화장하다

arreglarse(cuidarse) el cabello
머리 손질
secarse el cabello
머리를 드라이하다

amasar el pan
밀가루 반죽을 하다
elaborar(hacer) el pan
빵을 만들다

la cartera, el bolso de valor
값비싼 가방

el anillo de boda
결혼반지
el reloj de lujo
명품시계

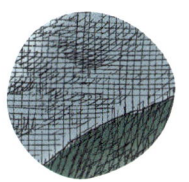
el día tormentoso
비바람 치는 궂은 날씨

tener un buen descanso, un dulce sueño
단잠을 자다

temblar de terror, sentir(sentirse) miedo
공포에 떨다(느끼다)

la llave del coche (el auto)
자동차키

apuntar(señalar) con el índice (burla)
손가락질

la motocicleta (la moto)
오토바이

el casco
헬맷

el piano
피아노

Vocabulario de uso cotidiano y nuevo 일상용어·최신어휘

 **el sofá**
소파

 **el retrato**
초상화

 **el champú**
샴푸
el enjuague
린스

enjuagarse
린스를 바르다
los artículos de higiene personal
바디용품

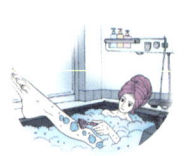 **bañarse(tomar) un baño**
목욕하다
lavarse el cabello(el pelo)
머리를 감다

tomar una ducha, ducharse
샤워를 하다

 **abrir/cerrar el grifo(el caño)**
수도꼭지를 열다(틀다)/잠그다

 **afeitarse**
면도하다

 **la pimienta, el pimentón**
후추
la sal 소금

 **el cuchillo** 나이프
el tenedor 포크
el plato 접시
la cuchara 스푼

 **regalo de ramo de flores, obsequio floral**
꽃다발선물

 **sentirse solitari@**
외로움을 타다

el músculo
근육
el sudor
땀

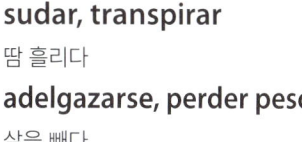
sudar, transpirar
땀 흘리다
adelgazarse, perder peso
살을 빼다

internarse 입원하다
ir al médico(hospital)
병원을 가다

**sollozar,
derramar lágrimas,
llorar a lágrima**
눈물 흘리다

Los personajes de la Bella y la Bestia 등장인물

la Bella 미녀 벨라
pasatiempo-ciclismo, motociclismo, leer
취미-자전거 타기, 오토바이 타기, 독서하기

la Bestia 야수
hombre robusto educado
매너 있는 근육맨
siempre con la ropa ceñida
항상 옷이 꽉 낀다

comerciante 상인
el padre de Bella 벨라의 아버지
su estilo completo con gafas, sombrero y barba
그의 스타일을 완성해주는 것은 안경, 모자 그리고 턱수염

hermanas de Bella 벨라의 언니들
percularidad-tomar una selfie con unas expresión rara
주특기-엽기 표정으로 셀카 찍기

Bella, hermosa hasta lo más fondo de su ser

1. 내면까지 아름다운 벨라

En cierta ciudad muy remota vivía un gran mercader que tenía mucho dinero y tenía también tres hijas.

Las tres eran muy hermosas, pero lo era especialmente la más joven, a quien todos llamaban desde que ella era una niña: Bella.

Además de ser muy bonita, tenía un carácter bondadoso y amable y por eso sus otras dos hermanas la envidiaban y la consideraban muy tonta por dedicarse todos los días a leer libros, ayudar en la cocina y tocar el piano.

옛날 한 머나먼 도시에 세 딸과 돈이 매우 많은 대상인이 살고 있었습니다. 세 딸 모두 아주 아름다웠는데 그 중 막내딸이 특별히 빼어나서 모든 사람들은 어릴 때부터 그녀를 Bella(미녀)라고 불렀습니다. 막내딸은 무척 예쁠 뿐만 아니라 마음이 선하고 친절하기까지 해서 두 언니들은 그녀를 질투했습니다. 또 매일 책을 읽고, 요리하고, 피아노를 치는데 전념하는 그녀를 바보라고 생각했었죠.

tenía mucho dinero

todos los días

(la) ciudad remot@ 먼 도시

(la) ciudad lejan@ 로도 바꾸어 쓸 수 있습니다.

▶ *En tiempo remoto* 먼 옛날에

además de ~외에

▶ *Una hija además de tres hijos* 두 딸 외에 아들 셋
▶ *Además de naranjas quiero manzanas.* 오렌지 외에 사과도 원한다.

Vocabularios

remot@ 먼
lejan@ 먼, 먼 곳의 ↔ **cercan@** 가까운, 근처의
gran=grande 큰, 커다란, 대형의 → gran은 명사 앞, garnde는 명사 뒤
el/la **comerciante** 상인
especialmente 특히, 특별히
el/la **mercader** 상인, 장수
pervers@ 사악한, 심술궂은
eran 동사 ser(~이다)의 불완료과거 3인칭 복수
groser@ 거친, 무례한, 예의가 없는
bondados@ 선량한, 선한
amable 친절한, 다정한
envidiaban 동사 envidiar(질투하다, 부러워하다)의 불완료과거 3인칭 복수
consideraban 동사 considerar(고려하다, 생각하다, 간주하다)의 불완료과거 3인칭 복수
tont@ 모자란, 바보스러운, 멍청한
dedicarse 전념하다, 종사하다

El comerciante se ha quedado sin nada

2. 무일푼이 된 상인

Sucedió de manera muy repentina que el mercader perdió toda su fortuna y no le quedó absolutamente nada más que una humilde casa en el campo.

⌐ de manera muy repentina
어느 날 상인은 너무나 갑자기 자신의 모든 재산을 잃게 되었고 시골에 초라한 집 한 채
⌐ nada más que
외에는 아무것도 남지 않게 되었습니다.

de manera ~방법의

'~방식(방법)의' 라는 뜻으로 형용사와 결합하면 '~하게, ~스럽게' 라는 의미가 되어 부사 역할을 합니다.

▶ *Sucedió de manera muy repentina.* 아주 갑작스럽게 일어났다.

▶ *Quiero decir mi opinión de manera abierta y honesta.*
나는 오픈마인드로, 솔직하게 내 의견을 말하고 싶다.

de manera repentina

부사를 사용해 repentinamente(갑자기, 돌연)라고 표현해도 무방합니다.

no le quedó absolutamente nada

아무것도 남지 않았음을 더 강조하기 위해 absolutamente를 추가해 '완전히' 아무것도 남지 않았음을 나타냅니다. absolutamente 대신 No le quedó completamente(totalmente) nada라고 표현해도 무방합니다.

no+간접목적어+quedar 동사+más que   ~에게 ~이외에는 남지 않다

'~이외에는 남아있지 않다'라는 뜻으로 '~밖에 없다'와 같은 의미로 해석할 수 있습니다.

▶ *Ahora no me ha quedado más que 1(un) dólar.*
  지금 나에게는 1달러 이외에는 남아있지 않다. (=나는 1달러밖에 없다.)

▶ *Este momento solo me han quedado 20 (veinte) dólares.*
  이 순간 나에게는 20달러만 남아있다.

Vocabularios

la **manera** 방식, 방법
la **fortuna** 재산, 운
la **propiedad** 재산(특히 부동산), 소유지
humilde 겸손한, 겸허한, 비천한

el **modo** 방식, 방법
los **bienes** 재산
absolutamente 절대로, 절대적으로, 완전히
el **campo** 시골, 농촌, 평원, 밭

La mente positiva de Bella

3. 벨라의 긍정 마인드

Entonces llamó a sus hijas para explicarles la situación y que no les quedaba más remedio que aprender los oficios de una casa de campo y labrar la tierra.

Las dos hermanas mayores se negaron rotundamente, pero Bella decidió enfrentar la situación con optimismo y determinación: Inmediatamente pensó que podía ser feliz, aunque fuera pobre y aunque tuviera que trabajar.

그래서 상인은 딸들을 불러 그 상황을 설명하며 농장 일을 배우고 땅을 일구는 일 외에는 ⸺ labrar la tierra

다른 방법이 없다고 말했습니다. 이에 대해 큰 두 딸은 단호히 거절했지만 벨라는 이 상황을 ⸺ las dos hermanas mayores

긍정적으로 마주하겠다고 각오했습니다. 비록 가난해서 일을 해야만 할지라도,

⸺ podia ser feliz
행복해질 수 있다고 생각한 것이지요.

no hay(quedar) remedio

별 다른 방법이나 해결 방안이 도저히 없는 상황을 나타낼 때 사용합니다.

▶ *No hay(queda) remedio.* 어쩔 도리가 없다. (어떻게 할 방법이 없다.)
  * remedio는 '치료약'의 뜻으로도 많이 사용됩니다.

oficio, tabajo(labor) y profesión

oficio | 주로 육체나 손을 써서 하는 '일'을 뜻하고, '임무'를 뜻하기도 합니다.
trabajo(labor) | '일, 노동, 직업, 작품' 등을 포괄적으로 의미합니다.
profesión | '직업, 전문직'을 의미합니다

접속사 aunque

접속사 aunque는 직설법과 접속법 사용시 각각 의미가 변합니다.

1. aunque+직설법 ~이지만

▶ *Aunque está lloviendo, voy a trabajar.* 비가 내리지만 난 일을 할 것이다.

＊ 현실: 실제 비가 내리고 있는 상황이지만 일을 하겠다는 의미

2. aunque+접속법 ~일지라도

▶ *Aunque llueva, voy a trabajar.* 비가 내릴지라도 난 일을 할 것이다.

＊ 비현실: 실제 비가 내릴지는 아직 모르지만 설령 비가 내려도 일을 하겠다는 의미

＊ 유사한 의미로 a pesar de(~에도 불구하고)라는 표현을 사용하기도 합니다.

Vocabularios

llamó 동사 llamar(부르다)의 단순과거 3인칭 단수
la **situación** 상황, 상태
la **solución** 해결(책), 해답
el **empleo** 직무, 일자리
negaron 동사 negar(부정하다, 거절하다)의 단순과거 3인칭 복수
rotundamente=firmemente, decididamente 단호히
decidió 동사 decidir(결정하다, 결심하다)의 단순과거 3인칭 단수
enfrentar 대항하다, 맞서다
el **optimismo** 낙관, 낙천주의
la **determinación** 결정, 결의, 결심

explicar 설명하다, 알리다
el **remedio** 방안, 방법, 대책, 치료약
el **oficio** 일, 임무, 직무
labrar 세공(가공)하다, 밭을 갈다, 경작하다
evitar/eludir 피하다, 회피하다
el **pesimismo** 비관, 비관주의

Bella asume todos los quehaceres de la casa

4. 모든 집안일을 떠안게 된 벨라

Desde ese momento era Bella quien realizaba todos los quehaceres de la casa. Preparaba la comida, limpiaba la casa, planchaba la ropa de todos, cultivaba la tierra y hasta encontraba tiempo para leer.

La actitud de sus hermanas era totalmente contraria; además que no ayudaban en nada, todavía la insultaban y se burlaban de ella.

그 순간부터 모든 집안일은 벨라가 도맡아 했죠. 음식 준비, 집안 청소,
⌐ desde ese momento　　　　　　　　⌐ preparaba la comida
　　　　　　⌐ desde ese momento　　　　⌐ limpiaba la casa

다림질 그리고 밭을 경작 하면서 독서하는 시간까지 만들었습니다. 반면 두 언니들의 태도는
⌐ planchaba la ropa　⌐ cultivaba la tierra

완전히 반대였어요. 아무것도 도와주지 않으면서 여전히 벨라를 험담하고 조롱했습니다.

Vocabularios

realizaba 동사 realizar(실현(실행)하다)의 불완료과거 1, 3인칭 단수
el **quehacer** 볼일, 일, 가사
cultivaba 동사 cultivar(갈다, 경작하다)의 불완료과거 1, 3인칭 단수
la **actitud** 태도
contrari@ 반대의
todavía 아직, 여전히, 그래도
insultaban 동사 insultar(모욕하다, 매도하다)의 불완료과거 3인칭 복수
se burlaban 동사 burlarse(비웃다, 놀리다, 조롱하다)의 불완료과거 3인칭 복수

Una carta de esperanza para la familia

5. 편지 한 통에 들뜬 네 부녀

Llevaban más de un año viviendo de esa manera cuando el mercader recibió una carta en la que le informaban que un barco que acababa de arribar traía mercancías suyas.

Cuando las hijas mayores escucharon la noticia se pusieron muy felices y solo imaginaron que al fin iban a poder recuperar su vida de antes; así que le encargaron a su padre para que les trajera hermosos vestidos y hermosas joyas.

Bella en cambio, solo le pidió a su padre unas rosas ya que por allí no crecía ninguna y anhelaba plantarlas y tener un hermoso jardín.

그렇게 살아 간지 1년이 조금 지났을 때 상인은 한 편지를 받았는데 자신의 물건들을 실은

⎯ acababa de arribar　　　　　⎯ hijas mayores　⎯ se pusieron muy felices

배가 막 도착했다는 정보였습니다. 그 소식을 들은 큰딸들은 매우 기뻤고 마침내 예전의 생활

로 돌아갈 수 있을 거라는 상상만 했지요. 그래서 아버지에게 예쁜 드레스와 보석들을 가져다

⎯ en cambio

달라고 요구 했습니다. 그러나 벨라는 아름다운 정원을 만들어 가꾸고 싶은 마음에 그 곳에서

는 자라지 않는 장미 몇 송이만을 아버지에게 부탁했습니다.

encargar y pedir

두 언니가 아버지에게 선물을 요구할 때 표현한 encargar와 벨라가 아버지에게 선물을 요청할 때 표현한 pedir는 무엇인가를 '주문'한 점에서는 유사하나 의미는 전혀 다릅니다.

encargar | 어떠한 일이나 상황에 대해 '위임이나 의무를 지우는', 강제성이 다소 포함된 행위를 뜻합니다. [encargar que+접속법] 형태의 구절은 '지시, 명령'을 의미하기도 합니다.

pedir | 원하는 바를 '간청, 부탁'하는 행위를 뜻합니다.

▶ *Antonio me <u>encargó</u> que llevara las flores y entregara a María.*
안또니오는 나에게 꽃을 가지고 가서 마리아에게 전달하라고 <u>지시했다</u>.

▶ *Antonio me <u>pidió</u> que llevara las flores y entregara a María.*
안또니오는 나에게 꽃을 가지고 가서 마리아에게 전달해 달라고 <u>부탁했다</u>.

> **al fin y por fin**

두 표현 모두 '결국, 드디어, 마침내' 라는 유사한 의미를 가지고 있지만 미묘한 의미 차이가 있지만 두 표현 모두 다른 점이 미묘해서 어느 표현을 사용해도 큰 문제는 없습니다.

al fin | 모든 장애가 극복된 후의 최후의 상황을 표현합니다.

por fin | 기다렸던 또는 기대했던 상황의 끝에 중점을 두고 표현합니다.

Vocabularios

anhelar 갈망하다, 열망하다
desear 원하다, 바라다
aspirar a (무엇을) 열망하다
pretender 바라다, 노리다

ansiar 열망하다, 간절히 바라다
ambicionar 갈망하다, 야심을 품다
querer 원하다, 바라다, 좋아하다

Tragedia inesperada frente de comerciante

6. 상인 앞에 놓인 뜻밖의 비극

Pero cuando el mercader arribó al puerto apenas pudo recuperar sus mercancías y volvió tan pobre como antes.

En el camino de regreso a su casa se desató una gran tormenta de aire y nieve terribles. Estaba sin fuerzas y muerto de frío.

Entonces fue cuando vio una luz a lo lejos y se dio cuenta que provenía de un castillo.

하지만 항구에 도착한 상인은 겨우 자신의 물건들만 되찾았을 뿐, 예전과 다를 바 없는 [como antes] 가난한 상태가 됐습니다. 설상가상 집으로 돌아가는 길에서 거대한 폭풍과 매서운 눈보라가 [tormenta de aire] 몰아쳤죠. 기력도 없고 [sin fuerzas] 추워 죽을 것만 [muerto de frío] 같았습니다. 바로 그때 멀리서부터 [a lo lejos] 한 불빛이 상인의 눈에 들어왔고 이 빛은 한 성으로부터 나오는 것임을 깨달았습니다. [se dio cuenta que]

동등비교 A는 B처럼 ~ 하다

A tan +형용사/부사+ como B | A는 B처럼 형용사/부사 하다
▶ *Él(Ella) es tan alt@ como una jirafa.* 그(그녀)는 기린처럼 크다.

A tant@(s)+명사+ como B | A는 B만큼 명사 하다
▶ *Había tant@ gente como las arenas del mar.* 바닷가의 모래처럼(만큼) 사람들이 있었다.

provenir de (무엇에서) 나오다, 유래하다

▶ *El papa proviene de Perú.* 감자는 페루에서 나온다.

Vocabularios

apenas 간신히, 겨우
pobre 가난한, 빈곤한
el **regreso** 귀환, 복귀
se desató 동사 desatarse(풀리다)의 단순과거 3인칭 단수
la **tormenta** 폭풍
el **huracán** 허리케인, 폭풍
el ***tifón*** 태풍
la **tempestad** 폭풍, 폭풍우
provenía 동사 provenir(유래하다, 나오다)의 불완료과거 1, 3인칭 단수

El mercader en el 'Castillo de la Bestia'

7. '야수의 성'에 들어선 상인

Al llegar al castillo tocó fuertemente la puerta y como nadie abrió; entró, ya estando adentro no encontró a nadie.

Sin embargo, se dio cuenta que el fuego estaba encendido y la mesa estaba llena de comida. Tenía tanta hambre que no pudo evitar probarla.

⌐ al llegar al castillo
성에 도착하자 성문을 세게 두드렸지만 아무도 문을 열지 않아 들어가보니 안에는 아무도 없
⌐ sin embargo   ⌐ llena de comida   ⌐ se dio cuenta que
었습니다. 하지만 불은 켜져 있고 식탁에는 음식이 한상 가득 있는 걸 알게 되었습니다.

상인은 너무 배고픈 나머지 음식을 먹지 않을 수가 없었습니다.

접속사 como

como가 문장 앞에 위치하면 '~때문에' 라는 의미가 됩니다.

▶ *Como no me llegaba ninguna noticia, he llamado directamente para averiguar el resultado.*
  내게 어떠한 소식도 도착하지 않아(않기에) 결과를 알아보기 위해 난 직접 전화를 걸었다.

부정어 nadie

'아무도 ~않는다'는 의미로 nadie 뒤에 인칭에 맞는 동사활용을 해주면 됩니다.

▶ *Nadie lo hace.* 아무도 그것을 하지 않는다.

이중부정으로 쓸 때는 동사 앞에 no를 붙이고 동사 뒤에 nadie를 씁니다.

▶ *No lo hace nadie.* 아무도 그것을 하지 않는다.

Vocabularios

sin embargo 그렇지만, 그럼에도 불구하고, 그런데
llen@ 가득 찬, 충만한
evitar 피하다, 회피하다, 막다

encendid@ (불이)켜진, 타오르는
la **hambre** 공복, 배고픔, 허기

Una noche en el castillo

8. 그 곳에서 하룻밤 신세지게 되는데...

Estaba tan cansado que subió a los aposentos y al encontrar una cama se acostó en ella.

A la mañana siguiente cuando él se despertó encontró ropas limpias en su recámara y una taza de chocolate con un rico bizcocho esperándole.

El hombre se imaginó que el castillo era sin duda de un hada muy buena.

그리고 너무 피곤했던 상인은 방으로 올라갔고 침대를 발견하자 잠자리에 들게 됐죠. *al encontrar*

a la mañana siguiente
다음날 아침 상인이 일어났을 때 그를 기다리고 있는 깨끗한 옷들과 초콜릿 한 잔 그리고
se despertó   *sin duda*
먹음직스러운 부드러운 빵을 그의 침실 안에서 발견했습니다. 상인은 의심없이 이 성은 아주

착한 요정의 것일 거라 상상했죠.

al+동사원형   ~을 하자, ~하는 순간

▶ *Al encontrar* 발견하자, 발견한 순간
▶ *Cada mañana al amanecer Juan toma café.*
  * 동사원형에는 항상 정관사 el이 붙습니다!

acostar 눕히다

acostarse 눕다, 잠자리에 들다, 쓰러지다
despertar (잠을)깨우다
despertarse (잠에서)깨다

sin duda 의심 없이, 분명히, 틀림없이

▶ *Esta aplicación es sin duda va a ser útil para ti.* 이 어플은 분명히 너에게 유용할 것이다.

ser 동사+de

보통 '소유, 출신, 원재료'를 표현합니다.

소유
▶ *Este edificio es de Samsung.* 이 건물은 삼성 것이다.
▶ *Este edifcio es de Roberto.* 이 건물은 로베르또 것이다.

출신
▶ *Silvia y Sergio son de Corea.* 실비아와 세르히오는 한국 사람(출신)이다.
▶ *Yo soy de Buenos Aires.* 난 부에노스 아이레스 출신이다.

원재료
▶ *Aquella mesa es de madera.* 저 식탁은 나무로 되어있다.

La furia de la Bestia con el mercader

9. 야수의 노여움을 산 상인

Estaba a punto de salir cuando sus ojos se posaron en unas hermosas rosas que tenía el jardín y entonces recordó el pedido que su hija Bella le hizo.

Estaba a punto de cortarlas, cuando sonó un estruendo terrible y apareció una Bestia enorme y terrible.

                            ┌── a punto de
성을 나가기 직전 상인은 정원에 있는 아름다운 장미를 보았습니다. 그리고 딸 벨라가 자신에게 했던 요청이 떠올랐습니다. 장미를 꺾으려고 했을 때 엄청난 소리가 울리며 거대하고 무섭게 생긴 한 야수가 나타났습니다.
                                                         ┌── a punto de

estar a punto de + 동사원형   ~를 하기 직전(찰나)에 있다

▶ *Estaba a punto de salir.* 나가기 직전이었다.
▶ *Estaba a punto de cortar.* 자르기 직전이었다.

Vocabularios

se posaron 동사 posarse(놓이다, 앉다, 포즈를 취하다)의 단순과거 3인칭 복수
el **pedido** 주문, 요청, 주문서 - hacer pedido 요청하다
sonó 동사 sonar(울리다, 소리 나다)의 단순과거 3인칭 단수
el **estruendo** 큰 소리, 소음, 굉음
terrible 무서운, 가공할
apareció 동사 aparecer(나타나다)의 단순과거 3인칭 단수
la **bestia** 네발 짐승, 야수, 괴물

"¿Por qué has robado mis rosas?"

10. "왜 내 장미를 훔쳤느냐!"

"¿Así es como pagas mi gratitud?"

Dijo el hombre: "¡Lo siento! yo solo pretendía cortar una

y llevarla para una de mis hijas."

"나의 선의에 이렇게 보답하는가?" 그러자 상인이 대답했습니다. "죄송합니다! 저는 단지 한 송이만 꺾어서 제 딸 중 하나에게 가져가려고 했습니다."

> lo siento
> una de mis hijas

조동사 pretender+동사원형 ~하려고 시도하다, ~인 척하다

▶ *Él siempre pretende engañarme.* 그는 항상 나를 속이려고 한다.
▶ *Ella pretende ser una buena persona.* 그녀는 좋은 사람인 척한다.

lo siento 죄송합니다, 미안합니다

perdón, disculpe 등 상황에 맞게 다양하게 사용합니다.

Vocabularios

pagas 동사 pagar(지불하다, 내다, 보답하다)의 단순현재 2인칭 단수
la **gratitud** 감사, 사의
el **agradecimiento** 감사, 사의, 고마움
pretendía 동사 pretender(바라다, ~하려고 하다, 시도하다)의 불완료과거 1, 3인칭 단수
un@ de ~중 하나

Una palabra que ha dejado pálido al comerciante

11. 상인을 정신 잃게 만든 야수의 한마디

"¡Basta! Te perdonaré la vida con la condición de que una de vuestras hijas me ofrezca la suya a cambio. Ahora ¡vete!"

El hombre llegó a su casa exhausto y con un pesar muy grande porque sabía que era la última vez que volvería a ver a sus tres hijas.

"그만! 당신의 딸 중 하나를 대신 바치는 조건으로 살려주겠소. 그만 가보시오!"
― a cambio

상인은 너무나 지쳤고 세 딸을 다시 볼 수 있는 마지막 기회임을 알고 있었기에
― la última vez

너무 큰 괴로움에 빠진 채 집에 도착했습니다.
― con un pesar

con la condición de que+접속법 ~하는 조건으로

▶ *Compraremos un coche con la condición de que te cases conmigo.*
네가 나와 결혼하는 조건으로 우리는 차 한 대를 구매할 것이다.

▶ *Lo haré con la condición de que me ayudes.*
네가 나를 도와주는 조건으로 나는 그것을 할 것이다.

que 없이 [de+명사]로도 사용이 가능합니다.

▶ *Para los niños con la condición de peso, la dosis puedes ser más baja.*
체중을 조건(기준)으로 어린이들은 복용량이 더 적을 수 있습니다.

조동사 volver a+동사원형 다시 ~하다

▶ *Ella volvió a comer después de atender el teléfono.*
그녀는 전화 통화 후 다시 식사를 했다.

▶ *El padre de Julio iglesias volvió a casarse a los 86 años.*
훌리오 이글레시아스의 아버지는 86세에 재혼하셨다.

Vocabularios

basta 이제 그만, 됐습니다

bastar 충분하다, 족하다

perdonaré 동사 perdonar(용서하다)의 단순미래 1인칭 단수

la **condición** 조건

ofrezca 동사 ofrecer(제공하다, 주다, 바치다) 접속법 현재 1, 3인칭 단수

a cambio 대신, 답례로

vete 동사 irse(가다)의 명령형 2인칭 단수 →'가거라, 꺼져라'

exhaust@ 고갈된, 소모된

agotad@ 바닥난, 지친

vigoroso 강건한, 왕성한, 힘이 있는

el **pesar** 슬픔, 고통, 괴로움 → 동사 pesar는 '무게를 달다, 무게가 나가다'란 뜻이고 이와 관련된 명사는 (el) peso (무게, 체중)입니다.

sabía 동사 saber(알다, 알고 있다)의 불완료과거 1, 3인칭 단수

volvería 동사 volver(돌아오다, 돌아가다)의 조건법(가능법) 1, 3인칭 단수

Bella debe partir y dejar a su familia

12. 가족 곁을 떠나야 하는 벨라

Entregó las rosas a Bella y le explicó todo lo que había sucedido. Sus hermanas la culparon de todo y comenzaron a insultarla.

Dijo con firmeza:

Iré yo, seré yo quien vuelva al castillo y entregue mi vida a la Bestia.

상인은 장미를 벨라에게 건네 주며 일어났었던 모든 일들을 설명해주었습니다. 이를 들은 언니들은 벨라에게 모든 책임을 씌우며 모욕을 주기 시작했습니다. 그러자 벨라가 단호하게 말했습니다. "제가 갈게요. 제가 성으로 가서 야수에게 제 목숨을 바칠게요."

・・・ todo lo que había sucedido
・・・ comenzaron a insultarla

culpar (=hechar la(s) culpa(s)) 책임을 돌리다(씌우다)

▶ *Yo no puedo culpar a nadie.* 나는 누구에게도 책임을 물을 수 없다.
▶ *Si quieres culpar a Roberto, primero piensa más detenidamente.*
네가 로베르또에게 책임을 돌리고 싶으면 우선 더 신중하게 생각해 봐.

접속법의 시제

주절(직설법)		종속절(접속법)	
		주절동사 기준 현재/미래	주절동사 기준 과거
현재 미래 현재완료 명령	접속사/관계대명사	현재	현재완료 불완료과거
단순과거 불완료과거 과거완료 가능 가능완료		불완료과거	과거완료

본문 내용을 적용하면 주절은 미래형이고 종속절 또한 성으로 돌아가기 전의 상황에서 돌아가서 바친다는 미래의 상황을 이야기하고 있습니다.

따라서,

 Seré yo(주절: 미래)

 + quien(선행사 - 사람을 나타내는 관계대명사)

 + vuelva al castillo(종속절: 현재) y entregue mi vidaa la Bestia(종속절: 현재)

Vocabularios

entregó 동사 entregar(건네다, 건네주다)의 단순과거 3인칭 단수
explicó 동사 explicar(설명하다)의 단순과거 3인칭 단수
iré 동사 ir(가다)의 단순미래 1인칭 단수
la **firmeza** 튼튼함, 견고함, 단호함, 확고함
seré 동사 ser(~이다)의 단순미래 1인칭 단수
vuelva 동사 volver(돌아오다, 돌아가다)의 접속법 현재 1, 3인칭 단수
entregue 동사 entregar(건네다, 건네주다)의 접속법 현재 1, 3인칭 단수

Bella encerrada en el castillo maldito

13. 저주받은 성에 갇히게 된 벨라

Cuando Bella llegó al castillo se asombró de su esplendor.

Al subir al aposento y entrar a su recámara encontró escrito en la puerta: 'Aposento de Bella' y encontró un piano y una enorme biblioteca.

Cerca de su recámara, al lado de su armario había un gran espejo en este se reflejaba su casa y desde allí ella podía ver la foto de su padre.

성에 도착한 벨라는 그 화려함에 놀랐습니다. 방으로 올라가 침실에 들어서자 문에는

'벨라의 방' 이라 쓰여 있었고 벨라는 피아노 한 대와 커다란 서재를 발견했습니다. 침실과

⌜⋯ cerca de   ⌜⋯ a lado de
가까운 곳의 옷장 옆 큰 거울이 있었고, 그 거울을 통해 집이 반사되어 그녀는 아버지 사진을 볼

수 있었습니다.

asombrarse de/por   (~에 대해)놀라다

유사한 의미로 sorprenderse가 있습니다. asombrarse, sorprenderse 모두 기대하지 못한 상황에서의 놀람을 의미하고, asustarse는 공포에 대한 놀람, maravillarse는 아름다운 장면을 보며 감탄하며 놀라는 의미를 가지고 있습니다.

Vocabularios

se asombró 동사 asombrarse(놀라다)의 단순과거 3인칭 단수
escrit@ 써진, 쓰인
la **puerta** 문, 문짝, 입구
el **portillo** 작은 출입구, 샛문
la **biblioteca** 도서관, 서재, 서고
se reflejaba 동사 reflejarse(반사되다, 비치다)의 불완료과거 1, 3인칭 단수

el **esplendor** 화려함, 호화로움, 광채
la **escritura** 글자, 문자, 문서
el **portón** 현관의 안문, 대문
la **entrada** 입구 ↔ *la* **salida** 출구
el **armario** 옷장, 벽장, 책장

El lado cálido de la Bestia

14. 야수에게 이런 따뜻한 면이...

Bella empezó a pensar que la Bestia no era tan terrible

como su padre le había contado y que en realidad era un ser muy amable

y de muy buenos sentimientos.

벨라는 자신의 아버지가 이야기해 주었던 것 만큼 야수가 그리 무섭지는 않다는
empezó a pensar   en realidad   un ser
생각이 들기 시작했습니다. 실제로는 매우 친절하고 다정다감 한 존재라는 생각이 든 것이죠.

동등비교 A는 B처럼 ~하다

[A+tan+형용사/부사+como+B]의 형태로 나타내며 그 뜻은 'A는 B처럼 (형용사/부사)하다'로 해석합니다.

A : La Bestia no era 야수는 아니었다.
tan+형용사 : tan+terrible 아주 무서운
como+B : como+su padre le había contado 그녀의 아버지가 그녀에게 말해 주었던 것처럼

종합해 보면, '야수는 그(그녀)의 아버지가 말해 주었던 것처럼 아주 무섭지는 않았다' 라는 의미가 되겠죠?

'시작'에 대한 다양한 어휘

empezar 시작하다   **el comienzo** 시작, 개시, 시초, 처음
comenzar 시작하다   **el inicio** 시작, 개시, 처음, 첫 부분, 도입부
iniciar 시작하다, 개시하다   **el principio** 시작, 개시, 시초, 처음, 기원, 근원, 원리
principar 시작하다, 개시하다

Bella abre su corazón a la Bestia
15. 야수에게 마음을 열게 된 벨라

Cuando llegó la noche y bajó a cenar, Bella estaba muy nerviosa al principio, pero con el transcurrir de la velada se dio cuenta de lo bondadoso y humilde que era la Bestia.

→ al principio

밤이 되어 저녁식사를 위해 내려온 벨라는 처음엔 매우 긴장했지만 야수와 함께 저녁을

보내면서 그가 아주 선하고 겸손하다는 것을 느끼게 되었습니다.

중성관사 lo

el도 la도 아닌 중성형 관사로 쓰이기도 하는데 형용사와 붙어서 명사의 의미가 되게 합니다.
- ▶ *Lo bueno* 좋은 것
- ▶ *Lo malo* 나쁜 것
- ▶ *Lo importante* 중요한 것

본문에서처럼 [lo+형용사+que+ser 동사]의 형태에서는 형용사의 의미를 더욱 강하게 강조하여 '아주(얼마나) ~인 것(일)' 이라는 의미가 됩니다.
- ▶ *¡No sabes lo bueno que es Antonio!* 넌 안또니오가 얼마나 좋은 사람인지 몰라!
- ▶ *¡No sabes lo guapa que es Silvia!* 넌 실비아가 얼마나 예쁜지 몰라!
    * 형용사의 성과 수는 명사의 성과 수에 맞추어야 합니다.

Vocabularios

bajó 동사 bajar(내리다, 내려가다, 내려오다)의 단순과거 3인칭 단수
descender 내리다, 내려가다, 파생하다
la **cena** 저녁식사
el **desayuno** 아침식사
el **almuerzo** 점심식사
la **velada** 밤샘, 철야
cenar 저녁을 먹다
desayunar 아침을 먹다
almorzar 점심을 먹다
nervios@ 긴장한, 불안한, 신경성의, 신경질적인
bondados@ 선량한, 마음이 선한

La causa de la imposibilidad de casarse con la Bestia

16. 야수와 결혼하지 못하는 이유

Con el paso del tiempo Bella empezó a sentir afecto por la Bestia, cada día encontraba en el nuevas virtudes que lo hacían parecer un ser especial lleno de bondad y de ternura.

Pero sucedía que cuando la Bestia le preguntaba a Bella si quería casarse con él, ella siempre le contestaba con honestidad y le decía: "Lo siento, eres muy bueno conmigo, pero no creo que esté lista para casarme contigo."

sentir afecto por　　*cada día*

시간이 지나감에 따라 벨라는 야수에게 애정을 느끼기 시작했죠. 매일 야수에게서 새로운 장점

lleno de

들을 발견하게 됐고 이는 야수를 선함과 상냥함으로 가득 찬 특별한 존재처럼 보이게 했습니다. 하지만 야수가 벨라에게 자신과 결혼하겠냐고 물어볼 때면 벨라는 항상 솔직하게 대답해 줬습니다. "죄송해요. 당신은 저에게 아주 잘 해주지만 전 당신과 결혼할 준비는 되지 않은 거 같아요."

sentir (el) afecto por　~에게 애정을 느끼다

▶ *La clave es respetar y sentir afecto por cada persona.*
　정답(비결)은 각각의 사람에게 애정을 느끼고(가지고) 존중하는 것이다.
▶ *Estoy comenzando a sentir afecto por ustedes 2(dos).*
　나는 너희 둘에게 애정을 느끼기 시작하고 있다.

para casarme contigo　당신과 결혼하기에

▶ *casar* 결혼시키다, *casarse* 결혼하다
　'결혼하다'는 재귀대명사를 반드시 동사와 함께 써주어야 합니다. 전치사 **para**와 함께 쓰였으므로 동사는 무조건 동사원형으로 쓰고, 이 때 재귀대명사는 동사원형 뒤, 인칭에 맞추어 씁니다.

Vocabularios

el **paso** 통과, 통행, 걸음, 발자국, 족적

el **afecto** 애정

cada 각각의, ~마다

la **virtud** 장점, 덕

el **defecto** 단점, 결함, 결점

el **ser** 존재, 존재물

la **bondad** 선, 선량함

la **ternura** 상냥함, 부드러움, 다정스러움

sucedía 동사 suceder(발생하다, 일어나다)의 불완료과거 1, 3인칭 단수

si 만일 ~이라면, 설령 ~할지라도, ~하겠냐고

contestaba 동사 contestar(답하다, 대답하다)의 불완료과거 1, 3인칭 단수

la **honestidad** 정직, 성실

esté 동사 estar(~있다)의 접속법 현재 1, 3인칭 단수

list@ 준비된

El amor no le es fácil para la Bestia

17. 사랑이 쉽지 않은 야수

Pese a su respuesta la Bestia no se enfadaba con ella,

solo lanzaba un largo suspiro y desaparecía del lugar.

이러한 대답에도 야수는 그녀에게 화를 내지 않고 단지 깊은 한숨만 내쉬며 사라지곤 했습니다.

pese a(=a pesar de) ~임에도, ~에도 불구하고

▶ *La gente cree lo que quiere, pese a la verdad.*
사람들은 진실임에도 불구하고 원하는 것만 믿는다.

▶ *¿Qué tenían en común pese a sus diferencias?*
서로 다름에도 불구하고 공통점은 무엇이 있을까?

Vocabularios

se enfadaba 동사 enfadarse(화내다, 성내다)의 불완료과거 1, 3인칭 단수
enojarse 화내다, 성내다
enfurecerse 화내다, 격분하다
disgustarse 불쾌해하다, 화내다, 노하다
exaltarse 흥분하다
irritarse 화나다, 짜증이 나다
lanzaba 동사 lanzar(던지다, 발사하다, 내뿜다)의 불완료과거 1, 3인칭 단수
larg@ 긴, 기다란
el **suspiro** 한숨, 탄식, 긴 탁식
desaparecía 동사 desaparecer(없어지다, 사라지다)의 불완료과거 1, 3인칭 단수

Bella sale del castillo de la Bestia

18. 야수의 성에서 나오게 된 벨라

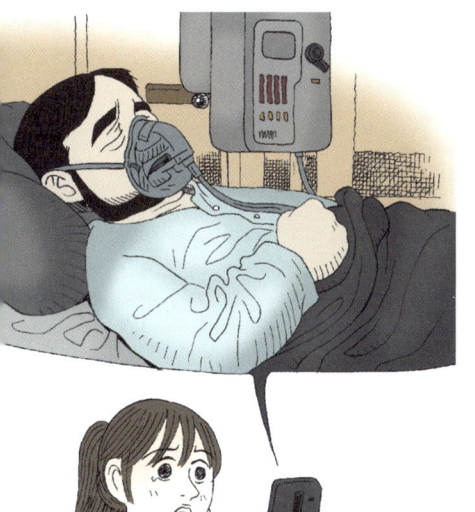

Cierto día llegó una carta al castillo para Bella. En la carta estaba escrito que su padre había caído muy enfermo.

Ella inmediatamente le pidió permiso a la Bestia para ir a cuidar a su padre y prometió que regresará cuando este, estuviera mejor.

La Bestia no puso ninguna objeción, solo le dijo a Bella:

"Cuando tu padre se encuentre mejor, por favor regresa pronto conmigo, porque si no me encontrarás muerto de tanta tristeza."

"¡No dejaré que mueras! Prometo que regresaré muy pronto."

⸺ cierto día　　　　　　　　　　　⸺ en la carta
어느 날 성에 있는 벨라에게 한 통의 편지가 도착했습니다. 편지에는 그녀의 아버지가 큰 병으
　　　　　　　　　　⸺ estaba escrito
로 쓰러졌다는 내용이 쓰여 있었죠. 그녀는 당장 야수에게 자신의 아버지를 보살피러 갈 수 있
　　　　　⸺ le pidió permiso
게 해달라고 허락을 구하면서 병이 호전되면 반드시 돌아오겠다고 약속을 했습니다.

야수는 아무런 반대도 하지 않으며 벨라에게 말했습니다. "당신의 아버지가 괜찮아지면 최대한

빨리 내게 돌아와 주시오. 그렇지 않으면 큰 슬픔으로 죽은 나를 발견하게 될 것이기 때문이오."
　　　　　⸺ no dejaré　　　⸺ muy pronto
"당신을 죽게 놔두진 않을 거에요! 조만간 꼭 돌아올게요."

[cuando/en cuanto/hasta que+동사]　구절의 접속법 활용

cuando(~할 때, ~하면), en cuanto(~하자마자, ~하게 되면), hasta que(~할 때까지)와 같이 시기를 의미하는 구절에서 상황 또는 행동이 아직 일어나지 않은 미래를 표현하는 것이라면 동사는 접속법 현재를 사용합니다.

▶ *Cuando vengas a Seúl tienes que visitarme.*　서울에 오면 날 방문해야 해.
　접속법 현재 2인칭 단수 vengas는 직설법 미래 2인칭 단수 vendrás와 같이 미래를 의미하지만, 직설법 vendrás는 사용할 수 없습니다.
　　＊ Cuando vendrás a Seúl tienes que visitarme. (X)

▶ *En cuanto sepa algo, te llamaré.* 뭔가 알게 되면 너에게 연락할게.

접속법 현재 1인칭 단수 sepa는 직설법 미래 1인칭단수 sabré와 같이 미래를 의미하지만, 직설법 sabré는 사용할 수 없습니다.

　* En cuanto sabré algo, te llamaré. (X)

▶ *Pregunta hasta que sepas la verdad.* 진실을 알게 될 때까지 물어봐.

접속법 현재 2인칭 단수 sepas는 직설법 미래 2인칭 단수 sabrás와 같이 미래를 의미하지만, 직설법 sabrás는 사용할 수 없습니다.

　* Pregunta hasta que sabrás la verdad. (X)

만약 [cuando/en cuanto/hasta que+직설법 현재]를 사용하게 되면 일어나지 않은 미래를 표현하는 것이 아니라 습관, 반복 또는 경험적 상황을 의미하게 되어 의미 자체가 바뀌게 됩니다.

▶ *Cuando viene a Seúl (siempre) me visita.* 그(그녀)는 서울에 오면 (항상) 나를 방문한다.

▶ *En cuanto sabe algo, me llama.* 그는 무언가를 알게 되면(알게 될 때마다) 나에게 연락한다.

▶ *Él pregunta hasta que sabe la verdad.* 그는 진실을 알게 될 때까지 질문한다.

Vocabularios

enferm@ 아픈, 병에 걸린
pidió 동사 pedir(요청하다, 부탁하다)의 단순과거 3인칭 단수
cuidar 보살피다, 돌보다, 조심하다
prometió 동사 prometer(약속하다)의 단순과거 3인칭 단수
regresaría 동사 regresar(돌아오다, 돌아가다)의 조건법(가능법) 1, 3인칭 단수
mejor ~보다 더 좋은, 제일 좋은
puso 동사 poner(놓다, 두다, 입히다)의 단순과거 3인칭 단수
se encuentre 동사 encontrarse(~상태에 있다)의 접속법 현재 1, 3인칭 단수
encontrarás 동사 encontrar(찾다, 발견하다)의 단순미래 2인칭 단수
dejaré 동사 dejar(놓아두다, 남겨두다)의 단순미래 1인칭 단수
mueras 동사 morir(죽다, 사망하다)의 접속법 현재 2인칭 단수
regresaré 동사 regresar(돌아오다, 돌아가다)의 단순미래 1인칭 단수

inmediatamente 즉시, 즉각, 곧
el **permiso** 허가, 승인
la **objeción** 반대, 이의
ningun@ 아무런

¿Qué le habrá pasado a la Bestia?

19. 야수에게 무슨 일이?

Bella estuvo cuidando de su padre durante algunos días.

Un día mientras ella se encontraba allí,

soñó con Bestia yaciendo en el jardín del castillo medio muerto.

⸺ durante algunos días
벨라는 며칠 동안 아버지를 돌보고 있었습니다. 아직 집에 머물러있던 어느 날 벨라는 야수가
⸺ medio muerto
성의 정원에서 거의 죽어가고 있는 꿈을 꿨습니다.

cuidar 신경쓰다

cuidar de+사건 : ~을 신경쓰다, 시중들다
cuidar a+사람 : 간병하다, 보살피다, 돌보다

encontrar y encontrarse

encontar는 '찾다, 발견하다, 만나다' 등의 의미로 쓰이지만 encontrarse는 '(어느 장소에) 있다, (어떤 상태에) 있다'라는 뜻으로 많이 쓰이기도 합니다.

▶ *Alberto se encontraba en el baño.* 알베르또는 화장실에 있었다.
▶ *Mi madre se encuentra bien.* 내 어머니는 잘 지낸다(계시다).

medio muerto

실제 죽은 상태가 아닌 직역 그대로 '반 죽은' 상태를 의미하여 은유적으로 거의 죽어가고 있는(casi muerto) 상황을 표현한 것입니다.

Vocabularios

durante ~동안, ~도중
mientras ~하는 동안, ~하는 사이에, 그러는 사이에
soñó 동사 soñar(꿈꾸다)의 단순과거 3인칭 단수
yaciendo 동사 yacer(누워있다, 묻혀 있다)의 현재 분사

La confesión a la Bestia moribundo

20. 죽어가는 야수에게 한 고백

Sin pensarlo más, regresó al castillo inmediatamente; cuando entró y no vio a la Bestia por ningún lado recordó su sueño y fue al jardín y allí lo encontró casi muerto de tristeza.

Bestia le dijo a Bella: "Ahora puedo morir tranquilo porque te he visto una vez más."

"¡No! ¡No puedes morir! ¡Me casaré contigo! ¡Seré tu esposa!"

sin pensarlo más

벨라는 더 생각할 겨를도 없이 바로 성으로 돌아갔습니다. 성에 들어가서 야수가 어디에도 보이지 않자 꿈을 떠올리며 정원으로 향했죠. 거기에서 슬퍼하며 거의 죽어가는 야수를 발견했습니다. 야수가 벨라에게 말했습니다. "당신을 한 번 더 보게 됐으니 이젠 편히 죽을 수 있을 것 같소." "안돼요! 죽을 수 없어요! 당신과 결혼하겠어요! 당신의 아내가 되겠다고요!"

una vez más

> **sin+동사원형** ~할 겨를 없이

▶ *Sin comer nada durante 10 horas* 10시간 동안 무엇도 먹을 겨를이 없이
▶ *Sin saber nada de informática* 어떠한 정보도 알 겨를 없이
▶ *Sin decir ni una palabra* 말 한 마디도 할 겨를 없이

Vocabularios

ningún 어떤 ~도 아니다
el **jardín** 정원
la **tristeza** 슬픔
me casaré 동사 casarse(결혼하다)의 미래형 1인칭 단수

el **sueño** 꿈
muerto 동사 morir(죽다)의 과거분사 →죽은
visto 동사 ver(보다)의 과거분사

La Bestia se ha liberado de la maldición

21. 저주가 풀린 야수

En ese momento una luz impresionante iluminó el castillo, sonaron las campanas y muchos fuegos artificiales fueron vistos en los cielos.

Bella se dio la vuelta hacia la Bestia y "¿dónde estaba?"

En su lugar había un apuesto príncipe que le sonreía dulcemente.

··· en ese momento
그 순간 엄청난 빛이 성을 비추며 종이 울렸고 많은 폭죽들이 하늘에서 터졌습니다.

··· se dio la vuelta
벨라가 야수 쪽으로 몸을 돌리며 "어디 계셨어요?"라고 하는데 그 자리에는 달콤하게 미소를 짓고 있는 한 잘생긴 왕자가 있는 것이었습니다.

en su lugar

'그 (사람) 대신, 각자 그 자리에, 그 (사람) 입장이라면' 이라는 의미로 en lugar suyo로도 바꿔 쓸 수 있습니다.

▶ *Esto va a poner a ese joven en su lugar.* 이것이 그 청년을 제자리로 가게 해 줄 것이다.

▶ *Muchos de los modelos están en su lugar durante la feria.*
축제가 열리는 동안 많은 모델들은 각자의 자리에 있는다.

Vocabularios

impresionante 놀랄만한, 경이적인
iluminó 동사 iluminar(비추다, 밝게 하다)의 단순과거 3인칭 단수
sonaron 동사 sonar(울리다, 소리가 나다)의 단순과거 3인칭 복수
vist@ 동사 ver(보다)의 과거 분사 → 보인

los **fuegos artificiales** 폭죽, 불꽃
la **vuelta** 회전, 돎
artificial 인공의, 인공적인
dulcemente 달콤하게, 부드럽게, 다정하게

El amor unido como uno solo

22. 하나로 연결된 사랑

"Gracias Bella. Has roto el hechizo. Un hada me condenó a vivir en esta situación y de esta forma hasta que encontrase a una joven capaz de amarme y casarse conmigo a pesar de mi aspecto y tú lo has hecho."

Bella y Bestia se casaron y vivieron felices durante largos años.

"고마워요 벨라. 당신이 마법을 깨 주었네요. 한 요정이 나를 이런 상황과 야수의 모습으로 만
들었고, 나의 이런 외모에도 불구하고 나를 사랑하고 나와 결혼할 수 있는 아가씨를 만날
[a pesar de] [capaz de]
때까지 이런 상황과 모습으로 살도록 만들었는데 당신이 그렇게 해주었네요." 벨라와 야수는
[hasta que] [tú lo has hecho]
결혼하여 긴 시간 동안 행복하게 살았습니다.
[durante largos años]

gracias Bella

'~에게 고맙다'라고 표현할 때는 전치사 a를 함께 씁니다.

▶ *Gracias a ti.* 너에게 고마워.   ▶ *Gracias a Juan.* 후안에게 고마워.

lo has hecho

lo 그것을 + has hecho 네가 했다

현재완료의 쓰임새
1. 가까운 과거의 일
2. 과거의 행위가 현재까지 연관이 있을 때
3. 경험에 대한 확인
4. 횟수를 포함한 문장

Vocabularios

rot@ 동사 romper(깨다, 부수다)의 과거 분사 → 깨진, 부서진
condenó 동사 condenar(선고하다, 심판하다)의 단순과거 3인칭 단수
capaz 능력이 있는
a pesar de ~에도 불구하고

capaz de ~ 할 줄 아는, 할 수 있는
el **aspecto** 외관, 모양, 외모
la **figura** 외형, 모습, 형체
la **apariencia** 외관, 외견, 용모

La Bella y la Bestia 미녀와 야수

Silvia　원어민 (남)　원어민 (여)

En cierta ciudad muy remota vivía un gran mercader que tenía mucho dinero y tenía también tres hijas. Las tres eran muy hermosas, pero lo era especialmente la más joven, a quien todos llamaban desde que ella era una niña: Bella. Además de ser muy bonita, tenía un carácter bondadoso y amable y por eso sus otras dos hermanas la envidiaban y la consideraban muy tonta por dedicarse todos los días a leer libros, ayudar en la cocina y tocar el piano.

Sucedió de manera muy repentina que el mercader perdió toda su fortuna y no le quedó absolutamente nada más que una humilde casa en el campo.

Entonces llamó a sus hijas para explicarles la situación y que no les quedaba más remedio que aprender los oficios de una casa de campo y labrar la tierra. Las dos hermanas mayores se negaron rotundamente, pero Bella decidió enfrentar la situación con optimismo y determinación: Inmediatamente pensó que podía ser feliz, aunque fuera pobre y aunque tuviera que trabajar.
Desde ese momento era Bella quien realizaba todos los quehaceres de la casa.

La Bella y la Bestia 미녀와 야수

Preparaba la comida, limpiaba la casa, planchaba la ropa de todos, cultivaba la tierra y hasta encontraba tiempo para leer. La actitud de sus hermanas era totalmente contraria; además que no ayudaban en nada, todavía la insultaban y se burlaban de ella.

Llevaban más de un año viviendo de esa manera cuando el mercader recibió una carta en la que le informaban que un barco que acababa de arribar traía mercancías suyas. Cuando las hijas mayores escucharon la noticia se pusieron muy felices y solo imaginaron que al fin iban a poder recuperar su vida de antes; así que le encargaron a su padre para que les trajera hermosos vestidos y hermosas joyas. Bella en cambio, solo le pidió a su padre unas rosas ya que por allí no crecía ninguna y anhelaba plantarlas y tener un hermoso jardín.

Pero cuando el mercader arribó al puerto apenas pudo recuperar sus mercancías y volvió tan pobre como antes. En el camino de regreso a su casa se desató una gran tormenta de aire y nieve terribles. Estaba sin fuerzas y muerto de frío. Entonces fue cuando vio una luz a lo lejos y se dio cuenta que provenía de un

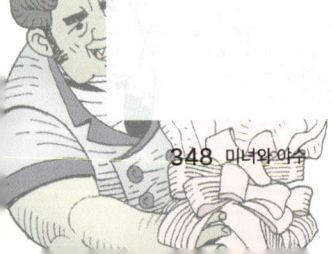

castillo.

Al llegar al castillo tocó fuertemente la puerta y como nadie abrió; entró, ya estando adentro no encontró a nadie. Sin embargo, se dio cuenta que el fuego estaba encendido y la mesa estaba llena de comida. Tenía tanta hambre que no pudo evitar probarla.

Estaba tan cansado que subió a los aposentos y al encontrar una cama se acostó en ella. A la mañana siguiente cuando él se despertó encontró ropas limpias en su recámara y una taza de chocolate con un rico bizcocho esperándole. El hombre se imaginó que el castillo era sin duda de un hada muy buena.

Estaba a punto de salir cuando sus ojos se posaron en unas hermosas rosas que tenía el jardín y entonces recordó el pedido que su hija Bella le hizo. Estaba a punto de cortarlas cuando sonó un estruendo terrible y apareció una Bestia enorme y terrible.

La Bella y la Bestia 미녀와 야수

"¿Así es como pagas mi gratitud?" Dijo el hombre: "¡Lo siento! yo solo pretendía cortar una y llevarla para una de mis hijas."

"¡Basta! Te perdonaré la vida con la condición de que una de vuestras hijas me ofrezca la suya a cambio. Ahora ¡Vete!"

El hombre llegó a su casa exhausto y con un pesar muy grande porque sabía que era la última vez que volvería a ver a sus tres hijas.

Entregó las rosas a Bella y le explicó todo lo que había sucedido. Sus hermanas la culparon de todo y comenzaron a insultarla. Dijo con firmeza: "Iré yo, seré yo quien vuelva al castillo y entregue mi vida a la Bestia."

Cuando Bella llegó al castillo se asombró de su esplendor. Al subir al aposento y entrar a su recámara encontró escrito en la puerta: 'Aposento de Bella' y encontró un piano y una enorme biblioteca. Cerca de su recámara, al lado de su

armario había un gran espejo en este se reflejaba su casa y desde allí ella podía ver la foto de su padre.

Bella empezó a pensar que la Bestia no era tan terrible como su padre le había contado y que en realidad era un ser muy amable y de muy buenos sentimientos.

Cuando llegó la noche y bajó a cenar, Bella estaba muy nerviosa al principio, pero con el transcurrir de la velada se dio cuenta de lo bondadoso y humilde que era la Bestia.

Con el paso del tiempo Bella empezó a sentir afecto por la Bestia, cada día encontraba en el nuevas virtudes que lo hacían parecer un ser especial lleno de bondad y de ternura. Pero sucedía que cuando la Bestia le preguntaba a Bella si quería casarse con él, ella siempre le contestaba con honestidad y le decía: "Lo siento, eres muy bueno conmigo, pero no creo que esté lista para casarme

La Bella y la Bestia 미녀와 야수

contigo." Pese a su respuesta la Bestia no se enfadaba con ella, solo lanzaba un largo suspiro y desaparecía del lugar.

Cierto día llegó una carta al castillo para Bella. En la carta estaba escrito que su padre había caído muy enfermo. Ella inmediatamente le pidió permiso a la Bestia para ir a cuidar a su padre y prometió que regresará cuando este, estuviera mejor. La Bestia no puso ninguna objeción, solo le dijo a Bella: "Cuando tu padre se encuentre mejor, por favor regresa pronto conmigo, porque si no, me encontrarás muerto de tanta tristeza." "¡No dejaré que mueras! Prometo que regresaré muy pronto."

Bella estuvo cuidando de su padre durante algunos días. Un día mientras ella se encontraba allí, soñó con Bestia yaciendo en el jardín del castillo medio muerto.

Sin pensarlo más, regresó al castillo inmediatamente; cuando entró y no vio a la Bestia por ningún lado recordó su sueño y fue al jardín y allí lo encontró casi

muerto de tristeza. Bestia le dijo a Bella: "Ahora puedo morir tranquilo porque te he visto una vez más." "¡No! ¡No puedes morir! ¡Me casaré contigo! ¡Seré tu esposa!"

En ese momento una luz impresionante iluminó el castillo, sonaron las campanas y muchos fuegos artificiales fueron vistos en los cielos. Bella se dio la vuelta hacia la Bestia y ¿Dónde estaba? En su lugar había un apuesto príncipe que le sonreía dulcemente.

"Gracias Bella. Has roto el hechizo. Un hada me condenó a vivir en esta situación y de esta forma hasta que encontrase a una joven capaz de amarme y casarse conmigo a pesar de mi aspecto y tú lo has hecho." Bella y Bestia se casaron y vivieron felices durante largos años.